MOTHERHOOD
CONCERTO

喆媽 著

赫洛克效應、比馬龍效應、戴高帽法……

十堂課打造孩子的健全人格

母職協奏曲！

牽起媽媽的手，讓孩子走向獨立與自信的舞臺

愛孩子不寵溺，有規矩更自由

拒絕包辦，用尊重塑造孩子的責任感

不僅教會孩子，也成就自己，共同成長是最深的愛

目錄

目錄

前言

為人母後，總想成為一個稱職的媽媽，將這世間的愛都給自己的孩子，不辜負一世的母子、母女情。於是，媽媽如同一個不停轉動的風車，希望將所有的能量都發揮出來，再傳遞給孩子。甚至希望將孩子變成自己的附屬品，讓孩子成為自己希望的樣子。為了達到這個目的，媽媽不惜寵溺孩子、嬌慣孩子。隨著孩子的成長，媽媽發現孩子越來越難管、越來越任性、越來越不能自理。此時，媽媽再去吼罵孩子、責備孩子，孩子只會覺得委屈、無助。

愛孩子，就要既不嬌不慣，也不打不罵，媽媽要調整自己的心態，從心底意識到孩子不是自己的一部分，讓孩子擁有獨立的人格，擁有獨立的思想。媽媽要讓孩子變成一隻自由的小鳥，讓孩子有規矩地在天際翱翔。這樣，孩子既能享受飛翔的快樂，又能感受到規矩的重要。

嬌慣出來的孩子不懂愛，當媽媽只會答應孩子的要求，不懂拒絕孩子的無理取鬧時，孩子會變得放肆、任性，甚至沒有責任感。媽媽需要幫助孩子建立「契約」精神，讓孩子明白，有些事情是可以做的，而有些事情是堅決不能的。

前言

好習慣是伴隨孩子一生的財富，擁有好習慣能讓孩子在成長的道路上少走彎路、少摔跤。媽媽不僅要引導孩子做事情，更重要的是幫孩子養成好習慣，鑄造孩子的內在驅動力，讓孩子學會主動學習，而不是被大人不斷督促才學習。

媽媽想要教育好孩子，就要對孩子有一個正確的理解，即便媽媽再怎麼希望孩子變得完美，人終究是人，是人就會犯錯，這是不可避免的。面對孩子犯的錯，媽媽要做的不是視而不見，也不是責備嘮叨，而是用心去幫孩子「糾錯」。讓孩子明白，做錯事需要自己去改正，而不是讓媽媽幫自己「斷後」。

母愛是世界上最偉大的愛，但這並不意味著母愛中沒有嚴格和教訓。真正合格的母親不僅能看到孩子的優點，也能看到孩子的缺點，重要的是接受並耐心幫助孩子改正缺點。有位教育學家說：「在媽媽的眼裡，自己的孩子是世界上最完美的。」的確，在媽媽的眼睛裡，自己的孩子總是那麼惹人愛，但這並不意味著媽媽只能賞識自己的孩子，不能教育自己的孩子。恰恰相反，真正愛孩子的母親，善於去教導孩子，讓孩子學會接受教訓和指正，提升孩子的逆商（逆境商數），從而間接提升孩子的情商，讓孩子真正成為一個獨立且有責任感的人。

除此之外，好媽媽通常懂得在孩子面前控制自己的情緒，從而讓孩子明白管控情緒是一個人的基本素養，以身作則能夠避免孩子發「無名火」、耍脾氣。

如果妳是一位母親，妳能從本書中找到妳的影子，也能找到自己孩子的影子。雖然本書沒有太過深奧的理論，但是卻能夠讓妳很深刻地了解孩子的內心世界，從而找到教育過程中遇到問題的解決之道，做到從容養育。

前言

第一章
媽媽放手，小孩才能獨立

區別孩子是否是在「溺愛」中長大的一種方式，就是觀察孩子是否具有獨立的人格。孩子獨立人格教育，最深的根基來源於媽媽對待孩子做事情的態度。當媽媽覺得孩子做事情是「搗亂」、「出錯」而拒絕孩子參與時，媽媽的這種「包辦」行為，已經嚴重影響到孩子的獨立性培養。孩子不是媽媽的附屬品，更不是媽媽養在溫室中的花朵，他們不光行為要獨立，心理也要學會獨立。培養孩子的獨立性，是媽媽避免溺愛孩子的第一步。

決策放權，讓孩子學會獨立思考

縱觀古今，凡是傑出的人物，他們都懂得如何進行獨立思考。媽媽在陪伴孩子的過程中，也會發現當孩子能夠獨立思考問題的時候，自己帶孩子也會省心又省力。當然，很多媽媽還是經常打著替孩子著想的旗號，剝奪孩子獨立思考的機會。

有一位媽媽抱怨說：「我的孩子很不聽話，我叫她做什麼，她就是不按照我說的做，總是自己亂想，結果就是很容易犯錯。」想必很多媽媽都有這樣的經歷，我們習慣於替孩子做決定或做選擇，因為我們認為自己比孩子有經驗，做出的決定或選擇是最正確的。然而，媽媽的這種做法，其實是在剝奪孩子獨立思考的機會，更是剝奪孩子做選擇的機會。

無論從閱歷，還是從心智來講，媽媽會認為自己要比孩子成熟得多。於是，孩子需要做決定和判斷的時候，只要按照媽媽說的去做就可以了，孩子沒有必要自己做決定。有這種想法的媽媽並不少見。然而對於孩子來講，做判斷、進行選擇的過程就是對其思考事情能力的一種鍛鍊，更是培養獨立思考的一種途徑。總之，媽媽不應事事替孩子做，而是要學會培養孩子獨立思考的能力。

媽媽帶小孩案例

小楠的女兒剛上小學時，小楠十分苦惱。事情是這樣的：自從小楠得知自己懷孕之後，就辭職專心在家養胎，生了女兒之後，她更是成為全職媽媽，在家細心照顧女兒的生活起居，大到孩子上哪所幼兒園，小到孩子每天穿什麼衣服，都是小楠在做決定。孩子逐漸長大，她恨不得將孩子所有的事情都安排好，她希望自己所有的決定孩子都能夠理解並接受。

可是，當女兒上了小學，小學老師卻和小楠反映，說她的女兒在學校總是自己玩，從來不主動和別的孩子一起玩耍、遊戲。在自習課上，別的孩子會主動去看書，她的女兒卻要讓老師幫她選擇看什麼書。不僅如此，無論是在體育課上，還是在音樂課上，她的女兒都不懂得去主動選擇，似乎任何事情只要老師不幫助解決，她自己就無法解決。

面對老師反映的問題，小楠無從下手，最後還是老師提出實用的建議，老師建議小楠在日常生活中多讓孩子去解決問題，讓她自己去做選擇，於是小楠不再事事為女兒做安排。

早起，小楠讓女兒自己去衣櫃中找衣服，讓她自己選擇穿什麼；早飯，小楠會做兩種早餐，讓女兒自己選擇喝粥還是喝牛奶、吃雞蛋還是吃玉米；放學回家，小楠讓女兒自己選擇先做數學作業，還是先做語文作業；在遇到不會做的作業時，小楠沒有急著幫女兒解答，而是先讓她自己想辦法解決。

透過半年特地的訓練，小楠的女兒終於和其他孩子一樣了，能夠主動去做事情，老師再也沒有向小楠反映這方面的問題了。

上述例子很明顯能夠看出，小楠平時對女兒管束得太多，她忽略了孩子選擇能力的培養，從而養成女兒遇事不會獨立思考的習慣。在生活中這樣的媽媽也不在少數，妳是否也對孩子的所有事情都親力親為，妳是否認為孩子只要按照自己的決定去做，對孩子的成長就一定沒有壞處呢？

媽媽帶小孩妙招

在媽媽心目中，孩子究竟是一個怎樣的存在？我們或許從來沒有想過這樣的問題，因為我們習慣了替孩子做選擇，習慣了「大權在握」，不讓孩子有任何自主選擇和獨立思考的空間。然而，這樣做無疑是對孩子自主意識的扼殺。毋庸置疑，孩子是獨立的存在，他們不應該成為我們人生的「附屬品」，因此，媽媽們不妨從以下幾個方面去培養孩子獨立思考的能力：

1. 讓孩子明白為什麼做決定是十分重要的

對於習慣替孩子做決定的媽媽來講，她們很清楚錯誤的決定會帶來怎樣的後果。同樣的，如果媽媽能夠讓孩子明白一個決定會產生怎樣的結果，那麼孩子在做決定之前會認真、理性地思考。比如，早晨孩子幾點起床這件事情，如果他們能夠意識到早起半個小時，到學校就不會遲到，不會被老師責備，而晚起半個小時，到學校會遲到，會被老師教訓，那麼，相信大多數孩子會選擇少睡半個小時，他們也不希望自己上學遲到。

2. 媽媽要尊重孩子的意願

所謂尊重孩子的意願，指的是在孩子做出決定之後，媽媽不要急於讓孩子改變選擇，順從自己的意見。雖然孩子還小，但是媽媽要學會尊重孩子，涉及孩子的事情，媽媽首先應該徵求孩子的建議或者是意見。尊重孩子的思想和見解，即便孩子做出的決定是錯誤的，媽媽也要給予分析，用商量的口吻與孩子進行交談，從而表示對孩子的尊重。比如，孩子週末選擇出去踢球而不是學習時，媽媽可以和孩子商量，是否可以先做完作業再踢球，這樣一來，他在踢球的時候就沒有了後顧之憂，而不是命令孩子必須去學習，或者威脅孩子不寫完作業就不能踢球。

3. 培養孩子分析和解決問題的能力

對於孩子來講，他們要想能夠獨立思考問題，就要擁有分析問題的能力。在孩子遇到問題時，媽媽可以幫助孩子進行分析，慢慢地讓孩子自己找到解決問題的方法。久而久之，孩子再遇到問題時，第一個想到的不是讓媽媽幫助解決問題，而是先自己想辦法去解決問題。比如，當孩子在學校與同學發生矛盾時，媽媽可以讓孩子先去分析矛盾的起因是什麼，在產生矛盾的過程中，孩子有哪些行為或語言是不正確的，讓孩子意識到自身存在的問題，在以後與同學交往的過程中，避免類似矛盾的發生。

4. 媽媽要勇於讓孩子做決定

在媽媽心目中，無論孩子多大，孩子永遠是孩子。於是，很多媽媽對孩子處理事情或做判斷的能力是不夠信任的，媽媽不放心孩子自己做決定，因此，媽媽會選擇替孩子做決定。這就出現了媽媽不願意將決定權交給孩子的情況。其實，要讓孩子學會獨立思考，最關鍵的一步就是媽媽要相信孩子，勇於讓孩子按照自己的意願去做決定，這對孩子的成長是至關重要的。

善於獨立思考的孩子是聰明的，同時也是有主見的，當孩子學會了獨立思考，自然就有了自己的判斷力。當然，在培養孩子的獨立思考能力時，媽媽要勇於放權，讓孩子擁有自我決斷的機會。

媽媽帶小孩解讀

決策放權，指的是在涉及孩子的事情時，媽媽要將選擇和判斷的權利交給孩子，讓孩子為自己的決定負責。媽媽不能「大權在握」，掌控孩子選擇 A，還是選擇 B。同樣，放權能夠激發賦能，讓孩子感受到自身存在的價值。

獨立思考，指的是在孩子思考問題的時候，媽媽不要將自己的思想強加給孩子，更不能用自己的思想去干涉孩子做決定。

給孩子獨立空間，不做「代辦」媽媽

歌德（Johann Goethe）說過：「誰不能主宰自己，就永遠是一個奴隸。」人都不想被別人控制或者是主宰，但是媽媽卻很容易犯主宰孩子的錯。或許認為孩子年齡還小，經歷的事情太少，於是，想要憑藉自己的經驗來幫助孩子做所有的決定，從而忽視了孩子的獨立，而對孩子獨立性的培養，最重要的一點就是要給孩子獨立的空間。

隨著孩子的成長，他們會有自己的隱私，更會有自己的做事方法。無論妳是否願意承認，孩子總會有一些不希望媽媽知道或者是參與的事情，因此，作為媽媽，妳不應該剝奪孩子的隱私。妳應該給孩子一個獨立的開放的空間，允許孩子有自己的世界，面對孩子的隱私，媽媽也不應該執意侵犯。

當我們在生活中或者工作中遇到一些問題時，會想有一個單獨的空間來將自己的大腦或情緒進行短暫的修整，孩子也是如此，當他們在學習中或生活中遇到問題時，他們可能會希望擁有獨處的時間，在這段時間，他們不希望被打擾，更不希望對別人解釋。此時，媽媽不要過多地追問孩子，更沒有必要步步緊逼。

媽媽帶小孩案例

張萌萌的女兒上了六年級，她很重視女兒的學習，希望女兒能夠考上當地的明星國中，於是，張萌萌決定讓女兒將所有的精力和時間都用在學習上。

女兒很喜歡跳舞，從一年級就開始學習跳舞，一直學到六年級都沒有停，每個星期她都會去上兩次舞蹈課。然而，張萌萌認為學習舞蹈，加上平時練舞，減少了女兒學習的時間，對女兒的學習產生了影響。因此，她決定在六年級下學期讓女兒暫停學習舞蹈，專心備考。

張萌萌將這件事情告訴了女兒，女兒自然不願意放棄，畢竟她已經堅持了將近六年。但是張萌萌還是按照自己的意願，果斷阻止女兒去學習舞蹈。

因為這件事情，女兒和張萌萌吵架了，張萌萌以為過段時間女兒情緒會好一些，可是女兒變得越來越沉默，甚至張萌萌越希望女兒學習，她越反感學習。

更讓張萌萌接受不了的事情是女兒原本有寫日記的習慣，但是張萌萌怕女兒的學習態度有懈怠，便開始偷看女兒的日記。自然，這件事情被女兒發現了，女兒對張萌萌更失望了，兩人經常發生口角。

模擬考試，女兒的成績退步不少，老師將張萌萌叫到學校，老師說：「您女兒反應，她在家裡感覺到很壓抑，放學也不想回家，請問您家裡是否發生了什麼事情？」

張萌萌聽了老師的話，才意識到原來女兒成績退步和自己有很大的關係。女兒放學回家後，張萌萌先是跟女兒道歉，並保證以後一定不會侵犯女兒的隱私，並同意讓女兒繼續學習舞蹈。

之後，女兒的學習成績有所回升，母女感情也有所好轉。

透過這個例子可以看出，之前張萌萌的舉動剝奪了孩子做選擇的權利，更沒有尊重孩子，這才導致母女關係變得很差。對於孩子來講，他們並不期望媽媽能夠百分之百地理解自己，但是他們希望即便母親不理解自己，也要給自己獨立的空間和保留隱私的權利。

媽媽帶小孩妙招

在生活中，媽媽很善於打著「愛孩子」的名義，剝奪孩子獨立思考，或者是獨立處理事情的權利。這會讓孩子失去對母親的信任，同時，一個不放心孩子做任何事情的媽媽，培養出的孩子多半是懦弱的、沒有主見的。要知道，一個懦弱的孩子是沒有勇氣去克服困難的，一個沒有主見的孩子是不可能實現創新，也不可能成才的。

那麼，作為媽媽，在為孩子營造獨立成長空間方面，應該注意哪些問題呢？

1. 給孩子獨立空間，並不意味著放任不管

有的媽媽做法很偏激，認為孩子無論做什麼，自己都沒有必要去干涉孩子，於是，這些媽媽放任孩子的壞習慣一點點養成、放任孩子的錯誤如雪球一般越滾越大。媽媽們要知道孩子獲得獨立空間的前提一定是在管教與約束的基礎上，並不是放任孩子做出與自己年齡、心智不匹配的惡性行為而不管。

2. 引導孩子去獨立地解決事情

對於性格比較內向、膽小的孩子來講，他們喜歡讓媽媽幫自己做所有的事情，不願意自己去解決問題。面對這樣的孩子，媽媽應該先引導孩子去分析事情，探索問題解決之道。當媽媽對孩子的引導產生了好的作用，當孩子再次遇到困境時，他們才有膽量自己解決問題。這種引導孩子獨立解決問題的過程，便是為孩子創造獨立空間的過程。

3. 給孩子獨立空間，並不是讓孩子堅持做錯的事情

給孩子獨立空間只是為了讓孩子能夠進行獨立思考、獨立解決力所能及的問題，並不是在明知道孩子犯錯之後，讓孩子在獨立的空間裡堅持錯誤的決定。當孩子做錯事情或者是選擇出錯之後，媽媽還是有必要幫孩子指出來的，這與給孩子獨立空間是不衝突的。

獨立空間，其實是一個自我思考、自我抉擇的場所。同樣，當孩子的情緒不穩時，媽媽也可以給孩子一個獨立冷靜的空

間，讓孩子獲得暫時的獨處，對於恢復平靜的心情是有幫助的，對家庭和睦也是有幫助的。一個善於給孩子創造獨立空間的媽媽，懂得如何尊重孩子。當孩子感知到來自媽媽的尊重後，他的內心會充滿陽光和力量。

媽媽帶小孩解讀

獨立空間，一方面指的是創造一個屬於孩子自己的「小世界」，讓孩子可以在自己的小世界裡做喜歡的事情，而不用在意大人的眼光和心情。另一方面，獨立空間是孩子用來進行自我情緒控制與放鬆心情的場所，也是孩子進行獨立思考的地方。

生活參與度：鍛鍊孩子生活自理能力

根據調查結果顯示，在亞洲，小學生做家事的平均時間只有 12 分鐘。也就是說，大部分孩子很少會參與家事或者很少有機會參與到家事中。造成這種結果的原因是有些家長會擔心孩子做家事弄髒衣服、耽誤學習，甚至擔心孩子會傷到自己，這些都是家長拒絕孩子「生活自理」的理由。媽媽要學會放手讓孩子參與到家庭生活中，提升孩子的家庭生活參與度，這樣才能讓孩子提高生活自理能力，學會自己照顧自己。

很多家庭的父母似乎沒有讓孩子參與家庭活動的意識，認為只要孩子能夠聽話，接受來自父母的照顧就可以了。然而，隨著孩子的年齡成長，他們開始對家庭生活中的一些事情表現出極大的興趣，因此，他們會有想要動手嘗試的欲望。媽媽們要知道，這是鍛鍊孩子生活自理能力的絕佳機會。

為什麼要鍛鍊孩子的生活自理能力？這個問題看似不難回答，因為我們不可能永遠陪伴在孩子左右，以後孩子勢必會有自己的生活，所以孩子需要照顧自己，甚至學會照顧別人。即便我們知道問題的答案，但是還是有一些媽媽「拒絕」孩子學著照顧自己，干涉孩子參與家庭生活，認為孩子的時間應該都用在學習上，從而忽視了對孩子生存能力的培養。一個不懂得照顧自己的孩子，他們是無法真正做到獨立的，甚至會讓孩子失去自信心。因此，媽媽不妨盡可能多地讓孩子做些力所能及的事情，哪怕是一件小事情，讓孩子體會到參與家庭生活的樂趣，同時也能夠激發孩子獨立自主的願望。

張曉梅小時候受了不少苦，有了孩子之後，她決心不讓自己的孩子像自己一樣受苦。於是，在女兒小學六年的時間裡，她除了讓孩子學習之外，從來不會主動安排孩子做任何家事。張曉梅認為自己不讓孩子接觸家事是愛孩子，然而女兒到了國中，開始了必須自理的住宿生活，此時，張曉梅的女兒極度不適應。

女兒在學校住宿的第四天，張曉梅接到了女兒班導的電話，電話裡老師說女兒很不適應住宿生活，希望張曉梅能去一趟學校。

張曉梅來到老師辦公室，老師對她說：「您的女兒每天晚上睡覺之前都會哭。一開始我們老師也不清楚為什麼，後來才知道她是因為對環境不適應，導致內心很恐懼，感到孤單害怕。」

媽媽帶小孩案例

張曉梅曾經也想過女兒可能會不適應集體生活，但是沒想到女兒適應能力會如此差。

老師說：「或許在家您沒讓她做過家事，但是在學校自己的衣服總要自己洗吧？自己的餐具也要自己刷乾淨吧？自己的被子總要自己疊整齊吧？」

面對老師的問題，張曉梅意識到自己曾經的想法是多麼無知，她一直認為女兒還小，沒必要這麼小就做家事，長大了自然就會了，如今卻害了女兒。

週末，張曉梅將女兒接回家，開始嘗試請女兒幫自己擇菜，晚上她沒有再幫女兒疊被子、擠牙膏……而是都讓她自己來做。

在生活中，像張曉梅這樣的母親其實並不是個案，很多媽媽認為孩子需要將全部精力放在學習上，根本沒有必要花費時間去做家事。有些媽媽認為做家事本身就是大人的事情，不應該讓孩子過早地承擔這些繁瑣的事情。然而，當孩子需要獨立面對生活的時候，媽媽才會發現，只有生活能自理的孩子才能夠很快適應周圍的環境，也只有這樣的孩子才能照顧好自己，從而有能力把精力投入到學習中去。

媽媽帶小孩妙招

哈佛大學曾經做過一項研究，得出了一個驚人的結論：愛做家事的孩子在成年後的就業率是不愛做家事的孩子的 15 倍；另一方面，不做家事的孩子的犯罪率比愛做家事的孩子高出 10 倍。那麼，在生活中，媽媽該如何更好地鍛鍊孩子的生活自理能力呢？

1. 幫助孩子意識到自己要承擔的家庭責任

媽媽要讓孩子意識到，在整個家庭中，做家事不是某一個人的事情，也不僅僅是大人的事情。每個家庭成員都有責任讓家裡變得更美好、整潔。不僅如此，要讓孩子意識到自己的事情應該由自己去完成，父母沒有責任代勞。讓孩子意識到他們作為家庭的一員，處理好自己的事情就是他們必須要承擔的家庭責任。

2. 給予孩子尊重，讓孩子有所選擇

如果孩子對做家事、做事情表現出不喜歡、不耐心的態度，媽媽不要強迫孩子，而是應該選擇一種公平的方式，把選擇的權利交給孩子。比如，可以與孩子商量，問孩子是選擇整理自己的書架，還是選擇掃地，讓孩子從中選擇一個自己相對喜歡做的事情。

3. 將家庭任務具體化

媽媽千萬不要下達模糊的命令，否則孩子很可能不知道如何去做，甚至面對命令表現出迷惘的神情。比如，媽媽經常對孩子說：「把這裡收拾乾淨。」可是怎樣的狀態算得上是乾淨呢？媽媽不妨對孩子說：「把你的玩具放到箱子裡，把繪本放到書架上。」讓孩子知道每個步驟如何操作，這樣一來孩子自然就會按照媽媽的要求行動。

4. 家庭成員態度要主動

要想讓孩子學會生活自理，首先媽媽要能生活自理，不僅是媽媽，其他家庭成員也要盡量做到自己的事情自己完成。比如，在媽媽讓孩子去洗乾淨自己的襪子時，媽媽要確保自己的襪子已經洗了。媽媽不要說完讓孩子不要亂扔玩具，扭頭一看卻發現自己的衣服全都堆在沙發上。

5. 從簡單的事情開始教

媽媽要想培養孩子的自理能力，要先讓孩子從小事做起，從簡單的事情學起。比如，先讓孩子學習洗小件衣物，再教孩子如何洗大件的衣物。在這個過程中，媽媽要先教孩子洗衣服的具體步驟，而不是一開始就讓孩子自己洗。

讓孩子參與到生活中，這能讓孩子具備家庭責任感，對孩子責任心的養成也是十分有幫助的。當然，對於媽媽來講，孩子在家庭中的參與度越高，越有利於親子感情的培養和深化。

媽媽帶小孩解讀

專家指出，在孩子的整個成長過程中，家庭生活參與度高的孩子往往具備必要的動作技能、理解能力和社會責任感。

很多家庭只允許孩子參與到學習中，不允許孩子花費時間做家事，這顯然對孩子人格培養是不利的。家庭生活參與程度直接影響孩子自理能力的形成，同時，也會影響孩子獨立性格的形成。

哭泣免疫法：如何應對孩子的眼淚？

哭泣，似乎是每個孩子成長過程中都會出現的狀態，有的孩子透過哭泣來向媽媽尋求幫助。雖然孩子可能真的需要媽媽的幫助，但是透過哭泣的形式表達需求，對孩子來講並不是正確的做法。

媽媽在教育孩子的過程中會發現一個問題，隨著孩子年齡的成長，孩子哭泣的次數非但沒有減少，反而還增多了。孩子似乎變得「多愁善感」了，甚至因為一件小事就會大哭大鬧。很多媽媽會習慣性地去哄孩子，只要孩子不哭，媽媽就會答應孩子所有的要求，可是媽媽越是這樣做，孩子越是愛哭鬧。久而久之，孩子越來越不滿足媽媽的「給予」，甚至會提出更多過分的要求。

應對孩子無緣無故、無理取鬧的哭鬧，媽媽沒有必要寵溺孩子、哄騙孩子，有智慧的媽媽會嘗試用哭泣免疫法來「治癒」哭泣的孩子。那麼，哭泣免疫法要求媽媽如何去做呢？簡單來說，就是孩子哭的時候不抱，不哭的時候再抱。其實這種做法是為了讓孩子意識到並不是只要自己哭泣，就能換來媽媽的妥協和忍讓，讓孩子明白媽媽對他的寵愛是有底線的。

媽媽帶小孩案例

張小雨帶 7 歲的兒子去超市買東西，張小雨知道每次去超市，兒子總是要買玩具。在去之前，張小雨就對兒子說道：「兒子，媽媽要去超市買菜和水果，因為你昨天剛買了一個新玩具，所以今天去超市我們不能再買玩具了。」

兒子表現得很聽話，答應張小雨到超市絕對不買玩具了。

到了超市，張小雨與兒子買了需要的蔬菜和水果，正排隊等待付款的時候，兒子看到前面一個小朋友拿了一個變形金剛，於是對媽媽說他也想要買一個變形金剛。

張小雨說道：「我們出門之前說好的，你也已經答應媽媽了，去超市不買玩具。」張小雨堅持自己的原則，拒絕買玩具給兒子。兒子便像往常一樣，開始在超市哭鬧大喊：「我要變形金剛，我就要變形金剛！」

面對兒子的哭鬧，張小雨覺得十分尷尬，她沒有著急付款，而是將兒子帶到了一個顧客相對較少的區域。此時，兒子看著媽媽，還是不停地哭鬧。

張小雨沒有說話，而是蹲下來看著兒子哭鬧。就這樣過了大概五分鐘，兒子哽咽地對張小雨說道：「媽媽，買一個變形金剛給我吧。」

張小雨說道：「出門前我們說好的今天不買玩具，再說家裡有變形金剛，不管你哭多久，今天媽媽是不可能買給你的。」

聽了張小雨的話，兒子再次哭了起來。又過了五分鐘左右，兒子抬頭看了看張小雨，他意識到自己的哭鬧根本換不來媽媽的妥協。然後，兒子擦了擦眼淚，對張小雨說道：「媽媽，今天不買，那明天再買可以嗎？」

張小雨很堅定地說道：「這個月媽媽都不能買給你，不過下個月你過生日的時候，媽媽可以買一個玩具給你作為生日禮物。」

聽了張小雨的話，兒子再也沒有哭鬧，開心地跟著張小雨回家了。

類似張小雨這樣的經歷，想必很多媽媽都遇到過。不難看出，張小雨兒子的哭泣並不是出於內心的委屈、身體的疼痛，他的哭泣是為了讓張小雨妥協，服從自己的要求。可想而知，如果張小雨這次妥協了，下次兒子看到自己喜歡的玩具還會「以淚相逼」。從另一個角度來講，孩子只要哭鬧，媽媽就打破約定滿足孩子的要求，久而久之，孩子會認為哭泣是解決問題的唯一辦法，他們也就不會再去思考其他解決問題的方法了，這會讓孩子的大腦變得越來越懶惰。

媽媽帶小孩妙招

哭泣本身是一種情緒的表達，對於孩子來講，他們善於運用哭泣來達到自己的目的。當孩子哭泣的時候，媽媽千萬不要以為是孩子的內心受了委屈，千萬不要為了讓孩子不委屈而急於滿足孩子的要求。聰明的媽媽是講究原則的，他們善於運用哭泣免疫法，讓孩子懂規矩，從而幫助孩子養成獨立的性格。

兒童心理學家曾經說過：「孩子的性格形成，離不開父母的管教。」對於媽媽來講，管教孩子並不是一味地為孩子「止淚」，而是要教會孩子不用哭泣作為應對問題的方法，讓孩子學會透過獨立思考，來找到解決問題的技巧。

那麼，在實際生活中，媽媽們要如何應對孩子的哭泣呢？

1. 分析孩子為什麼哭泣

在幼兒時期，孩子多半是因為身體不適、生理反應才哭泣的。而等到孩子六歲之後，他們已經能夠對自身感受有正確的理解，對周圍的事物也能夠有較為清楚的理解，因此，他們會因為欲望、環境變化、困難、苦痛等問題哭泣。孩子哭泣的原因不同，其處理方式也是不同的。媽媽要善於分析孩子哭泣的原因，按照不同原因找到解決孩子哭泣的方法。

2. 保持冷靜的心態

無論孩子因為什麼事情哭鬧，媽媽首先要做的就是保持冷靜。媽媽只有在冷靜的時候，才能夠分析清楚孩子為何哭泣。如果孩子是因為要達到某種目的而哭泣時，媽媽不要急於去滿足孩子的要求，用滿足來讓孩子停止哭泣，這並不一定是明智的方法。如果孩子是因為在困難面前受挫而哭泣時，媽媽不要急於責備孩子懦弱，這種方式根本無法達到幫助孩子擺脫困境的目的。

3. 分析孩子哭泣背後的心態

孩子哭泣雖然是一種情緒的外在表現，其實是孩子內心的真實反映，哭泣可能代表內心的害怕、恐慌、無助、孤獨等等。媽媽要善於分析孩子在哭泣時的心態，只有這樣才能從根本上幫助孩子擺脫負面心理的影響，從而讓孩子學會獨立。

看到孩子落淚，想必很多媽媽都會心軟。然而，媽媽要清楚，哭泣並不是解決問題的辦法，而自己的妥協很可能會助長孩子哭泣的「勇氣」。因此，媽媽不要害怕孩子哭泣，更不要在孩子肆意哭鬧的時候，選擇一味地溺愛和滿口的承諾。聰明的媽媽善於用哭泣免疫法來「對付」孩子的無理取鬧，讓孩子明白媽媽對他的愛是有底線的。

媽媽帶小孩解讀

哭泣免疫法，指的是在孩子無理取鬧、有無理要求的時候，媽媽要堅持自己的原則。不要看到孩子哭泣，就因為心疼孩子而自毀底線、寵溺孩子。

透過哭泣免疫法，媽媽可以幫助孩子建立獨立的意識，讓孩子明白控制自己情緒的重要性。

生死教育，讓孩子學會照顧自己

妳在孩子面前談論過生死問題嗎？想必很多媽媽都沒有想過這個問題，主要是認為孩子還小，沒有必要現在就讓孩子了解生死，同時我們也不願意讓孩子面對生死問題。然而，隨著孩子年齡成長，他們對生死問題勢必會產生好奇心，這種好奇心不會因為媽媽的迴避而消失。對孩子進行生死教育，其實就是讓孩子有「生之敬，死之畏」的思想，從而讓孩子樹立正確的生死觀。

透過研究發現，人類對生死的認知是從幼兒時期開始的，但是在實際生活中，有很多媽媽總是刻意迴避生死的問題，因為她們覺得孩子太小，了解了生與死對孩子沒有任何好處。然而，當孩子了解了生死，才能意識到生命的可貴，才能從內心意識到照顧自己的重要性。

合格的媽媽會讓孩子知道，父母不可能永遠陪伴在他們左右，因此，孩子需要學會照顧自己，尤其是要學會為自己做的決定負責。從這方面來講，對孩子進行生死教育是勢在必行的。

曾經一則報導中顯示，在某地發生的少年自殺事件中，有一位少年在自殺之前寫到「我要去另一個世界享受生活的快樂……」。不難看出，這個孩子根本沒有意識到什麼是死亡，什麼是生命。對於這樣的孩子而言，他們根本不懂得照顧自己、珍惜生命。

媽媽帶小孩案例

琪琪有一個調皮的兒子，已經9歲了，但是一天到晚總是調皮搗蛋，每兩三天就受傷，琪琪的兒子已經成了社區醫院的「常客」。

面對兒子每次的受傷，琪琪既生氣又無奈，每次她都叮囑兒子要照顧好自己，避免摔傷碰傷，做事情要小心，兒子總是心不在焉。顯然，這些話對兒子來講，根本沒有發揮作用。

琪琪家裡養了兩條狗，大的這隻狗已經10歲了，小的那隻狗才2歲，兩隻狗是母女關係。因為大狗年齡大了，所以很少活動。之後大狗生病了，過了一個月便死了。

小狗趴在大狗的身邊，十分傷心地哼叫著，琪琪和兒子也很傷心。兒子說：「媽媽，牠是不是死了？」

琪琪回答：「是的，牠再也看不到小狗了，再也沒辦法照顧小狗了。」

聽了琪琪的話，兒子更加傷心。琪琪安慰道：「兒子，雖然大狗死了，但是牠陪伴了我 10 年，陪伴你 9 年，為我們全家帶來了歡樂。」

兒子傷心地說：「但是我不想讓牠死，牠還有一個 2 歲的寶寶，這隻小狗怎麼辦？牠一定很不捨。」

琪琪對兒子說：「大狗生下了小狗，牠陪伴了小狗 2 年，而這 2 年的時間裡，牠無時無刻不在教育小狗，讓小狗學會照顧自己、學會自立，現在小狗出門之後知道回家的路線，餓了知道自己找食物，這對牠來講，已經算能夠自理了。在這個世界上，所有的生命都有死亡的那一天，我們人類也是如此，媽媽也不可能永遠陪在你身邊，所以你也要學會照顧自己，不要讓自己受傷，不要讓自己生病。」

兒子聽了媽媽的話，似乎明白媽媽的意思了。從那之後，琪琪發現兒子懂事了很多，起碼不會三天兩頭受傷了。

琪琪透過寵物狗死亡的事例告訴兒子，沒有人能永遠照顧他，他要學會照顧自己。顯然，她的這些話對兒子發揮了作用。同樣，在生活中，我們是否也希望自己的孩子能照顧自己、學會自立呢？如果我們的答案是肯定的，那麼不妨在恰當的時候對孩子進行生死教育，讓孩子正確對待生與死，了解生與死的意義與價值。

媽媽帶小孩妙招

在許多國家，大人會將對孩子的生死觀教育放到學校教育中，因為他們認為只有孩子從真正意義上理解了生與死，才能正視死亡和生命。而對於媽媽來講，對孩子進行生死教育，能夠讓孩子懂得學會照顧自己是多麼重要。

那麼，在現實生活中，媽媽要如何透過生死教育，讓孩子學會照顧自己呢？

1. 透過生死，讓孩子意識到他們的責任

隨著孩子的成長，或許孩子會問媽媽，自己是如何來到這個世界上的，有的媽媽會覺得在孩子面前談論這個問題要有所避諱，但是孩子有對生命的好奇，就表明媽媽需要告訴孩子生命是如何產生的。讓孩子知道，媽媽將其帶到這個世界上，這是父母的一種責任，同樣，這並不意味著媽媽能夠照顧孩子一生，孩子有責任去照顧自己。

2. 講述祖先的故事給孩子聽，讓孩子有「家」的概念

媽媽可以多講述一些長輩或者是發生在祖先身上的故事，讓孩子對故人有所了解，這樣做能夠讓孩子感受到「有血有肉」的逝者，從而能夠對「家」有更為真切的感受。當孩子有了家庭的感受，那麼他便能夠意識到自己在家庭中的角色，了解到自己是家庭中的一員，從而會明白照顧好自己，其實也是在為整個家庭付出自己的一點點力量。

3. 正確理解生死規律，讓孩子明白自立的重要性

在生活中，媽媽可以透過周圍的動物、植物從生到死的過程，教育孩子生命起源與死亡，讓孩子對生死有正確的理解。當孩子對死亡有了一定理解之後，他們會意識到自立的重要性，從而學著去做自己力所能及的事情，學著照顧自己，而不是事事都指望媽媽替自己做。

死亡，是媽媽不想提起的詞語。很多媽媽認為這個詞語是殘酷的、灰暗的，所以不希望將這個詞語帶到孩子的思想中，更不希望孩子對死亡產生過早的認知，甚至認為讓孩子過早地了解死亡是殘忍的事情。其實不然，讓孩子明白死亡，是為了讓孩子珍惜當下，讓孩子明白終有一天他們需要獨自面對生活。讓孩子理解死亡，其實也就是讓孩子了解生命，生與死的問題在孩子面前不應該是討論「禁區」，智慧的媽媽會讓孩子在珍愛生命的同時，還能夠面對死亡，從而讓孩子意識到自己在家庭和社會中的責任。

媽媽帶小孩解讀

生死教育，即幫助孩子建立正確的生死觀，讓孩子透過人類繁衍的自然規律意識到自身的責任。媽媽可以透過生死教育，讓孩子了解到照顧自己、達到自立，其實是其應該承擔的責任，而並非是媽媽的責任。媽媽對他的照顧只是一種義務，孩子有責任照顧好自己。

孩子膽小怯懦，包辦代替惹的禍

在生活中，我們會看到一些孩子見到陌生人就躲，陌生人在的時候，孩子甚至不敢做自己的事情，我們習慣稱這些孩子性格膽小、怯懦。作為媽媽，我們是否羨慕別人家的孩子見到陌生人還能不怯場，甚至會主動與大人的朋友交談？那為什麼別人家孩子能表現得落落大方，而自己家的孩子卻表現得膽小怯懦呢？

我們不妨回想一下，在家裡妳是否經常嚇唬孩子，比如，在孩子小時候不聽話或者哭鬧時，媽媽是否會對孩子說「再哭媽媽就不要你了」。用這種恐嚇，甚至是威脅的話語，讓孩子達到聽話、停止哭鬧的目的。另一方面，有的媽媽認為孩子還小，讓孩子做事情，孩子不但做不好，反而還會弄得一團糟，於是做任何事情媽媽都拒絕孩子幫忙，認為孩子不是在幫自己做事情，而是在搗亂，所以媽媽會教訓孩子。以上兩種情況，很容易導致孩子會變得膽小、不敢輕易嘗試新鮮的事物。

找到造成孩子膽小懦弱的原因之後，作為媽媽應該反過來看看自己的教育方法是否有差錯。通常來講，膽小懦弱的孩子往往沒有勇氣去嘗試主動思考，更不敢自作主張。媽媽想要培養孩子大膽的性格，就不能所有事情都代辦。

媽媽帶小孩案例

張亞麗的兒子雖然已經9歲了，但是她發現孩子在家裡和外面表現出兩種截然不同的狀態。

在家裡，張亞麗的兒子總是大呼小叫，性格也比較活潑，但是在外面遇到其他不認識的小朋友後，他不但不敢主動加入一起玩耍，就連其他小朋友欺負他，他也不敢反抗，更不敢反擊。

一天，張亞麗帶著兒子去樓下玩，恰巧遇到了一個比兒子大一歲的女孩。那個女孩看到兒子手中的溜溜球，便想要搶過去玩，顯然兒子是不願意的，但是面對女孩的硬搶行為，兒子只能傻傻地看著溜溜球被搶走。緊接著，兒子開始哭泣。張亞麗走上前，便教訓兒子遇事只知道哭，之後，她代替兒子，直接從那個女孩手裡搶過溜溜球，遞給了兒子。

在生活中，像張亞麗兒子這樣的孩子不在少數，並且像張亞麗這樣處理事情的媽媽也不在少數。然而，面對孩子的膽怯，媽媽要做的難道真的是替孩子去搶玩具嗎？其實不然，我們應該找到孩子膽怯怕事的原因，分析孩子為什麼會如此膽小懦弱，而不是事事都替孩子去完成。

媽媽帶小孩妙招

在現實生活中，很多媽媽總是急於完成某些事情，在這個過程中，媽媽們不願意孩子參與，有些媽媽會認為讓孩子參與，孩子不但幫不了自己，反而會對自己產生干擾，減緩自己做事情的速度。久而久之，孩子會變得懦弱膽小，對待身邊發生的任何事情都會產生逃避的心理。

那麼，在生活中，媽媽們要避免事事代辦的同時如何幫助孩子改掉膽小懦弱的性格弱點呢？

1. 在孩子感到害怕的時候，不要硬生生地將其推出去

在孩子退縮或者感到害羞的時候，有些媽媽會強迫孩子做出膽大的行為，認為只要孩子邁出第一步，那麼之後遇到相同的情況就不會再退縮或害羞了，但最終她們卻發現孩子變得更加膽怯和害羞。其實，在孩子不敢嘗試某件事情時，是因為他的內心對這件事還沒有足夠的了解，這個時候媽媽可以鼓勵孩子大膽去嘗試，如果孩子自始至終表現出不耐煩或者是不願意去嘗試的態度，那麼媽媽不要去強迫孩子，而是要接受孩子的選擇，然後再靜下心來分析孩子為什麼會在這件事情上表現出膽怯的心理。

2. 以毒攻毒，幫助孩子化解對某些事物產生的恐懼心理

我們經常會看到一些孩子害怕黑暗、害怕「怪物」，這是因為他們的理解能力還沒有發展到能夠理解這些事物，因此，這種孩子膽小的原因源於孩子的理解能力。當孩子在這方面表現出膽怯時，媽媽可以向孩子解釋黑暗產生的原因，告訴孩子為

什麼在故事裡會出現「怪物」，然後讓孩子透過自己的想像力來戰勝自己內心的恐懼。

3. 讓孩子慢慢適應自己所害怕的環境

我們不難發現有些孩子害怕與陌生的同齡孩子玩耍，這主要因為孩子的社交能力較差，孩子沒有太多與外界接觸的機會，總是自己一個人在玩耍。當孩子一直處在一個熟悉的環境中時，他們缺少對新環境的適應能力，一旦將孩子放到新環境中，面對陌生的人或事，他們自然會產生恐懼之情。因此，媽媽要多帶孩子去外面玩，讓孩子多接觸一些同齡孩子。

在孩子的世界裡，媽媽不可或缺。但是如果在孩子生活的每個角落、每個時間段，都存在媽媽的身影，這對孩子的思想獨立、行為獨立都是不利的。媽媽要學會放手，讓孩子學會勇敢地成長，這才是對孩子最好的愛。

媽媽帶小孩解讀

孩子膽小怯懦的深層原因多半是因為孩子不夠自信，甚至是自卑。作為媽媽，如果在生活中，一味地剝奪孩子參與事情的權利，那麼孩子很容易產生自卑心理。他們會認為媽媽拒絕自己做事情的原因是自己總是做不好事情或做錯事情。因此，要讓孩子變得勇敢，媽媽一定要給予孩子做事情的權利。

第二章
非規矩不能定方圓

契約意識，在這裡指的是家長與孩子在平等的基礎上建立起來的守信、誠信意識。而要建立契約意識，就需要遵守相互之間的約定與約束，媽媽要善於建立家庭規則，而規則的建立是以遵守為目的的。因此，媽媽建立的規則不但孩子要遵守，家庭中每個成員也應該遵守。遵守規矩，能夠讓孩子知道做事情的分寸，從而讓孩子了解責任所在。

國有國法，家有家規

老話說得好：國有國法，家有家規，沒有規矩，不成方圓。一個國家需要有法律，一個家庭需要立規矩。

隨著孩子的長大，他們對外界事物的規則了解得也越來越多，他們知道等公車要排隊，公共場合不能大聲喧譁等。同樣，在家裡媽媽也要善於立規矩，讓孩子遵守家規，這是幫助孩子變得更優秀的一個必不可少的過程。

家庭與家庭是不同的，但是在孩子學習規矩方面，也是有相通之處的。比如，在家裡媽媽想要讓孩子學會尊老愛幼，自然要將尊老愛幼定位為家庭規矩之一。在孩子整個成長階段，如果媽媽放任孩子，認為在家庭中，孩子沒有必要太過「拘束」，任由孩子想幹麼幹麼，那麼孩子進入公共場合、進入社會，也不可能遵守來自社會的約束。因此，媽媽要善於制定家庭規矩，讓孩子願意遵從這些合理的規矩，從而讓孩子更健康地成長。

媽媽帶小孩案例

鄭曉蓓發現上一年級的女兒總是丟三落四。每次她回到家，打開書包，不是筆落在學校了，就是橡皮擦找不到了。在家裡寫作業也是如此，寫完作業女兒會將學習用品亂丟。

這天，鄭曉蓓在女兒寫完作業之後，很嚴肅地對女兒說：「寶貝，妳已經上一年級了，從今天開始，妳自己的東西必須自己收拾，比如妳寫完作業後，必須自己將學習用品整理好，放回到書包裡。從今天開始，媽媽是不會再幫妳收拾的，如果因為妳沒有整理自己的學習用品，導致出現一些不好的後果，那麼妳必須自己承擔責任。」

女兒聽了媽媽的話，答應了媽媽。但是第二天早上，女兒要去上學了，因為著急出門，她忘記將作業本放回到書包，這直接導致到學校後無法交作業。

當天回到家，女兒生氣地對鄭曉蓓喊道：「媽媽，我沒拿作業本，妳為什麼不提醒我？」

鄭曉蓓心平氣和地回答：「首先，妳因為沒有整理自己的學習用品，導致忘記拿作業本，這本身是妳的錯誤，妳沒有按照媽媽的要求去做。其次，媽媽雖然是個大人，但是媽媽也有自己的事情要做，所以媽媽不可能事事都提醒妳，今後屬於妳自己的事情，妳最好自己提醒自己。」

聽了媽媽的話，女兒覺得媽媽說得有道理。從那次之後，每次寫完作業，鄭曉蓓的女兒都會第一時間將學習用品放回到書包，現在這已經成為她的一種習慣了。

很多時候，不是孩子不願意做得更好，而是媽媽根本沒有訂立明確的規矩、規則給孩子，從孩子的角度來講，他們根本意識不到哪些事情是自己應該去面對或解決的。因此，作為媽媽應該制定一些規則，讓孩子意識到自己需要承擔的責任，這對孩子的成長是十分有利的。

媽媽帶小孩妙招

在對孩子教育的過程中，媽媽要及時對孩子制定規則，讓孩子趁早樹立規矩意識。每個家庭應該有每個家庭的規矩，而每個家庭成員都應該遵守，這樣才能讓孩子的成長更順利。

規矩對於孩子來講，從一方面來看，是對孩子的約束，而從另一個方面來看，能夠讓孩子擁有安全感。那麼，媽媽要如何定規矩呢？

1. 明確態度

媽媽要在該嚴肅時就表現出嚴肅的態度。尤其是在孩子犯錯之後，媽媽要讓孩子知道自己對待他犯錯的態度，讓孩子意識到媽媽已經注意到他犯錯了，只有這樣，孩子才能在最短的時間內思考自己究竟為什麼錯，才能主動去糾正錯誤。

2. 規矩要明確

媽媽在制定規矩之前，一定要讓孩子了解自己制定規矩的目的是什麼。同時，自己制定規矩的內容一定要明確，不能含糊不定，更不能太過晦澀難懂。比如，媽媽要帶孩子去上興趣班，孩子總是磨蹭，媽媽等了半個小時，孩子還沒有穿好衣服，這個時候媽媽可能會著急地對孩子吼道：「你怎麼這麼慢，快一點！再不出發，我們就要遲到了。」這種語言其實就是在定規矩，但是這個規矩定得十分模糊，孩子聽了媽媽的話，根本不知道「快一點」意味著什麼，也不清楚「遲到」會有怎樣的後果。這個時候，媽媽不妨對孩子說：「我再給你五分鐘的時間，如果你還沒穿好衣服，那麼我們就會遲到，遲到了老師一定會教訓你。」這樣一來，孩子心中便很清楚「五分鐘」是媽媽的底線，同時也知道了自己遲到的後果會是什麼。自然，孩子就會按照媽媽的要求去做了。

3. 獎懲要及時

如果想讓孩子遵守規矩，媽媽可以利用一些獎懲措施。當然，如果媽媽制定了懲罰措施後，孩子恰巧犯錯，媽媽不要出於心軟而不去懲罰孩子，而是要「按規矩辦事」。同樣，需要獎勵孩子時，也要給予孩子獎勵，要做到說話算話。只有這樣，媽媽定的規矩才有「權威性」，孩子才會心甘情願地遵守。

4. 規矩面前無例外

在家庭生活中，對於一些設定的規矩，不僅是要求孩子去遵守的，更多的是家庭成員陪孩子一起遵守的。因此，在規矩面前，家庭每位成員都沒有特權。比如，媽媽要求孩子將自己不玩的玩具收拾整齊，自然媽媽也不能將自己不穿的衣物亂丟。媽媽制定規矩並不意味著媽媽可以不遵守，相反，媽媽必須有帶頭作用，遵守家庭規矩。

家規，不僅僅是一些規矩，而更應該是一種培養孩子做事情的態度與習慣。制定家規，能幫孩子建立「制度」意識，讓孩子更懂自我約束，這對孩子的成長是十分有幫助的。

媽媽帶小孩解讀

家有家規指的就是在家庭生活中，所有家庭成員需要遵守的一些規矩，而這些規矩的制定是為了讓整個家庭和睦、順遂。因此，媽媽制定家庭規矩，一定不能只站在大人的角度去思考問題，也需要站在孩子的角度去設立規矩，只有這樣孩子才能遵守家規，媽媽制定的家規也才能有實際的意義。

學會「戴高帽法」立規矩

在現實生活中，似乎沒有孩子喜歡被約束和束縛，他們總是希望獲得自由，隨心所欲地做自己喜歡的事情，對待自己不喜歡的事情，他們根本不想去觸碰。媽媽要想透過樹立規矩來約束孩子的行為，達到培養孩子、管教孩子的目的，那麼，就需要學會一些立規矩的方法。

「戴高帽」的方法其實是一種透過語言上的鼓勵，讓孩子感受到來自媽媽的信任和支持，從而激發孩子主動遵守規矩的動力。比如，媽媽第二天要帶孩子去上興趣班，這就意味著孩子沒有玩耍的時間了，孩子內心往往會抗拒。面對這種情況，媽媽可以對孩子說：「明天是週末，媽媽記憶力不好，怕忘了明天陪你上興趣班的事情，你的記性好，上興趣班時也認真，明天一早你記得提醒媽媽陪你去上課。」孩子聽了媽媽的話，可能就不會對週末不能自由地玩耍產生牴觸情緒了。透過「戴高帽」的方法立規矩，其目的就是為了激起孩子的「求勝」心，從而達到讓他們遵守規矩的目的。在現實生活中，媽媽們如果一味地用命令的口吻去要求孩子，這種教育方法所達到的效果多半是不理想的。

透過「戴高帽法」來讓孩子接受媽媽制定的規矩，在這個過程中，媽媽要先審視自己設定的規矩是否可靠，切合實際的規矩才能被孩子接受。

媽媽帶小孩案例

王曉雨的女兒上三年級了，學習畫畫也已經三年了。也許是因為三年級之後課業壓力比較大，女兒越來越排斥學習畫畫。女兒在班級裡的學習成績很好，王曉雨希望女兒能夠抽出時間繼續學習畫畫。

週末，又到了去培訓班上繪畫課的時間了，女兒磨蹭不想去，王曉雨生氣地命令女兒，讓她在五分鐘內必須出門。雖然這次女兒去上了繪畫課，但是學習效果顯然很差。

這天晚上放學回家，王曉雨希望女兒在做完作業之後，能夠練習繪畫，女兒想要再次拒絕。這次，王曉雨沒有生氣地朝孩子吼罵，而是對孩子說道：「女兒，媽媽知道妳想有多一些玩的時間，本來上了一天學也很累。但是妳想想，妳學習繪畫已經有三年的時間了，妳在班級裡，學習成績那麼棒，媽媽相信妳畫畫也會學得很好，妳這麼優秀，一定哪方面都不會差的。」

聽了王曉雨的話，女兒說道：「那當然，在繪畫班，老師可是經常表揚我的。」

王曉雨聽了女兒的話，知道自己的話有了作用，然後繼續說道：「是啊，所以我們不能放棄三年的學習成果啊！」

聽了王曉雨的話，女兒拿出了畫筆，回到房間開始練習繪畫，從那之後，去上繪畫培訓班，女兒再也沒有抱怨過。

與孩子溝通其實需要媽媽付出很多智慧，一開始王曉雨只懂得命令女兒去遵守規則，但是這種命令的口吻根本不會讓女兒心服口服。孩子不僅有自尊心，更需要得到來自媽媽的鼓勵和認同。因此，透過「戴高帽」的方法來讓孩子接受媽媽制定的規矩，這有助於孩子自覺遵守規矩。

媽媽帶小孩妙招

規矩，說得直接一點就是一種有益的約束。即便是有益的，孩子也是不願意事事按照規矩去做的，畢竟孩子對事物的理解和做事情的耐力是不足的。作為媽媽，不僅要善於制定有利於孩子成長的規矩，更重要的是善於讓孩子自願地去遵守規矩，做到這點並不容易。

在生活中，我們會看到很多媽媽每天都在嘮叨孩子「要怎樣怎樣」、「必須如何如何」，這些命令式地制定規矩，往往會讓孩子感到反感，甚至會讓孩子感到壓抑。那麼，在生活中，媽媽要如何透過「戴高帽」的方式來立規矩呢？

1. 語言中離不開誇讚

媽媽希望孩子自覺遵守規矩，自然要誇讚孩子的一些優點，而誇讚的目的是為了讓孩子能夠獲得自信。比如，媽媽可以對孩子說：「你今天自己梳的辮子很整齊，看來長大了，以後可以自己梳辮子了。」其實，誇讚孩子梳頭梳得整齊是為了讓孩子意識到自己已經長大了，以後可以自己梳頭，沒必要再依賴媽媽了。當然，在誇讚孩子的時候，一定要注意分寸，不能過分誇大，也不能讓孩子感覺媽媽誇自己是「不真實」的。

2. 鼓勵是「戴高帽法」的主格調

媽媽要想透過這種方式讓孩子主動遵守規矩，要讓孩子感受到來自媽媽的支持，而媽媽鼓勵性的語言能讓孩子變得更加自信。因此，在整個交流的過程中，媽媽的語言格調一定是鼓勵性的、正面的，不能打擊孩子，更不能暴露孩子的缺點。

3. 用「戴高帽法」表達的要求需切合實際

無論媽媽要讓孩子遵從怎樣的規矩，最基本的要求是制定的規矩要切合實際，起碼要確保孩子透過努力是可以達到的。比如，媽媽想讓孩子早起鍛鍊身體，那麼，就要確保晚上孩子能夠早點上床睡覺。只有切合實際，媽媽設立的規矩才能透過「戴高帽法」被孩子接受和實施。

媽媽帶小孩解讀

「戴高帽法」，是站在媽媽的角度，從言語上設定孩子一個符合規矩的期望，利用孩子的求勝心或者自信心，最終達到讓孩子遵守規矩的目的。

這種方法的運用，需要媽媽透過語言來激發孩子遵守規矩的欲望。

事前立規矩，事後講信用

現如今的孩子似乎越來越難帶，越來越讓媽媽們費心，於是媽媽為了在教育孩子的道路上更省心，往往會選擇一種息事寧人的方法來應對孩子的淘氣 —— 放縱。當然這是一類媽媽的心理；還有另一類媽媽，她們認為孩子是那麼的弱小，根本沒必要幫孩子設定太多條條框框，這類媽媽認為只要孩子能夠吃得好、玩得好，其他的事情都不叫事情。其實，無原則地放縱孩子、給孩子自由，並不代表媽媽對孩子的愛有多深，只能表明媽媽不懂得如何去管教孩子。

俗話說得好「沒有規矩不成方圓」，對孩子的教育也是如此，在教育孩子的道路上，設立規矩是不可缺少的一個過程。尤其是在孩子進入小學、國中後，他們已經能夠在相當程度上理解周圍發生的事情，媽媽不妨透過事先立規矩的方法，來達到規範孩子行為和思想的目的。

媽媽在孩子做某些事情之前，要先立好規矩，在事後媽媽要講信用。比如，妳在去別人家做客之前對孩子說：「寶貝，去別人家做客要講禮貌，見到人要主動問好，不要隨便動別人的東西。如果你能做到，回來媽媽就做蝦球給你吃，如果不能做到那我們只能吃麵了。」這個承諾其實就是你立給孩子的規矩，當孩子去別人家做客表現得非常有禮貌時，作為媽媽要講信用，事先約定怎麼做，事後就要如何去做。

立規矩，其實就是媽媽用清楚明瞭的語言告訴孩子，什麼事情可以做、什麼事情不能做、什麼事情應該做、什麼事情不應該做。媽媽在立規矩之前，一定要了解自己定規矩的目的是什麼。首先，立規矩是讓孩子內心有一定的邊界感，從而讓孩子獲得安全感；其次，可以減少孩子發生問題和出現錯誤的現象；最後，建立孩子的約束力和自制力。由此可見，在教育孩子的過程中，立規矩是十分有必要的。

媽媽帶小孩案例

一隻大鳥在為一隻小鳥示範，讓小鳥學著飛翔。小鳥看了大鳥飛翔的姿勢，然後開心地在平地上學了起來，牠學得很認真，幾次失敗之後，牠終於飛了三四公尺高。小鳥安全著陸，大鳥將口中的蟲子放到小鳥嘴裡，以示獎勵。

緊接著，大鳥將小鳥叼到樹上，示意小鳥從樹上起飛，小鳥看了看樹下，有些膽怯，牠退後幾步，遲遲沒有試飛。這個時候小鳥看到大鳥口中的蟲子，示意讓大鳥將蟲子放到自己嘴裡，但是大鳥卻拒絕了小鳥的請求，直到小鳥克服恐懼，展翅飛翔在高空中。

小鳥學會了飛翔，飛回到樹幹上，大鳥將口中的蟲子餵給了小鳥。

這個小故事是一位育兒專家在一場講座上描述的，恰巧夏夏在帶孩子的過程中，也遇到了類似「小鳥學飛」這樣的事情：

夏夏的女兒在7歲的時候開始學鋼琴，現在已經學琴三年了，除了每週固定上兩次鋼琴課之外，夏夏發現她的女兒練琴的次數明顯減少。暑假的一天早晨，夏夏要求女兒練鋼琴，女兒吃完飯直接打開電視，看起了卡通，夏夏十分生氣。

夏夏決定制定一條規矩：練琴一小時，看電視十分鐘。

女兒聽完夏夏的這條「規矩」，不以為然，她以為媽媽是在跟自己開玩笑。這天女兒又沒有練琴，又是直接打開電視看了起來，沒想到夏夏直接走到電視機前，關掉了電視。這天，雖然女兒很不情願地去練琴，但是她還是按照夏夏的要求練了一個小時的鋼琴。練完之後，夏夏說道：「我答應了妳，練一個小時琴，允許妳看十分鐘的電視，現在妳可以去看電視了。」

第三天……漸漸地，女兒開始接受並遵守「練琴一小時，看電視十分鐘」的規矩，她每天都會主動練琴，之後也會主動打開電視看。

小鳥學飛才能獲得食物，不學飛翔大鳥拒絕餵食，夏夏得到啟發後要求女兒練琴一個小時，才可以看十分鐘的電視。媽媽在帶孩子的過程中，一定要事先制定規矩，事後，也要遵守自己的承諾。

媽媽帶小孩妙招

世界上恐怕沒有不愛自己孩子的母親，而愛孩子不一定就是對孩子「零限制」。設立規矩看似是在限制孩子、要求孩子，實則也是對孩子的一種幫助和保護。善於事先立規矩的母親，不僅能教養出有原則的孩子，還能促使孩子更加信任母親。

既然事先立規矩，事後講信用，這樣做對媽媽管教孩子十分有幫助，那麼，媽媽應該如何事先設立規矩呢？

1. 制定的規矩要有理

有些教育人士認為，母親在與孩子設立規矩的時候，要得到孩子的同意。然而在生活中，我們不難發現，沒有孩子希望被規矩「套牢」，許多規矩都是孩子不願意去遵守的。如果孩子不同意，母親們就不去制定這條規矩，那麼可想而知，孩子依然會生活在放縱的環境中。例如，一位媽媽想讓她的女兒在晚上九點半之前睡覺，女兒為了多看一會卡通，不願意接受媽媽制定的這條「規矩」，她可能會提出質疑並進行反抗。由此可見，媽媽制定的規矩不一定會得到孩子的完全認可，但一定要有理可講。

2. 制定的規矩要有一定的針對性

不是做任何事情都需要規矩來約束的，因此，在事前制定的規矩一定是與事情本身相關聯的。畢竟，規矩是針對孩子某些不妥的行為或思想而制定的，所以制定規矩前要考慮孩子已經出現的問題或者是容易犯的錯。

3. 制定操作性強的規矩

有的媽媽可能會想起來一件事就臨時制定一條規矩，但是在實作過程中，會發現設定的規矩並不適用。比如，為了提高孩子的體力，媽媽訂立規矩——早晨六點到六點半，是孩子的跑步時間。但孩子每天晚上十點多才睡覺，按照孩子的睡覺時間來計算，孩子在早上六點是很難起床的，更不要說起床跑步了，那麼這條規矩自然就是不切合實際的，訂立這條規矩也是沒有任何約束的作用的。因此，媽媽在訂立規矩時，要考慮可量化、可操作性等因素。

4. 其他家庭成員不可隨意放任孩子的行為或打破規矩

我們經常看到一些家庭出現這樣的情景：媽媽規定孩子在睡前半小時不能吃東西，而孩子的爺爺奶奶會「慫恿」孩子睡前加餐。最後，孩子看到有爺爺奶奶做自己的「保護傘」，便不再遵守媽媽訂立的規矩。由此可見，媽媽訂立的規矩一定要讓家庭其他成員也遵守，只有這樣孩子才能遵守規矩，規矩才能建立起來。

做事情之前要懂規矩，做完事情父母要講信用。媽媽建立規矩，如果孩子按照規矩去做了，接下來媽媽要按照約定實現孩子的要求，這樣做才能激勵孩子，在以後的日子裡，孩子才願意去接受媽媽制定的新規矩。

媽媽帶小孩解讀

事先立規矩，是媽媽為了約束孩子的行為，也是預防孩子再次犯錯、發生問題的一種方法。

事後講信用，是讓孩子感受媽媽給予的愛與安全感的一種方法。如果孩子遵守規矩，那麼，孩子會從遵守規矩中有所收穫。如果孩子沒有遵守約定好的規矩，那麼孩子的內心會產生愧疚和無助，甚至感受不到安全感，而這些負面的情緒又能夠督促孩子以後遵守規矩。

獎懲激勵，規矩方可「立」

任何孩子都希望得到來自媽媽的獎勵和認可，即便是那些看上去沒有任何優點的孩子。畢竟得到來自大人的獎勵和認可，能夠讓孩子在心理上產生滿足感，在情緒上產生愉悅感，從而能夠激發孩子的上進心和自信心。相反，懲罰能夠讓孩子意識到自己犯的錯，體會到犯錯所產生的後果，他們會更能理解責任和後果意味著什麼。

媽媽在立規矩的同時需要藉助一些獎懲措施，來激發孩子遵守規矩的能力。舉個最簡單的例子，相信很多媽媽對孩子說過類似的話：「只要你這次考得好，媽媽就帶你去旅遊。」其實這就是為了讓孩子遵從「好好學習」的規則，而提出的一種獎勵方案。

對於孩子來講，他們需要體會得到獎勵的喜悅，也需要體會被懲罰的痛苦。因為喜悅之情能讓孩子感到開心，而痛苦則會讓他們牢記規矩的重要性。當然，獎懲措施的建立，並不意味著可以毫無底線地滿足孩子的要求，這裡的獎勵不一定是物質上的獎勵，也可以是精神上的一些獎勵，而懲罰，也並非是單純的體罰，讓孩子意識到自身的不足才是關鍵。

媽媽帶小孩案例

李雙雙發現女兒上了小學之後，在作息時間方面的自控能力很差。在幼兒園的時候，女兒吃飯時很專注，吃完飯才會離開桌子，每天晚上九點她會準時上床睡覺。而進入小學之後，每次吃飯女兒都是邊玩邊吃，晚上也需要大人反覆催促，女兒才肯上床睡覺。女兒上學前後的差距，讓李雙雙十分不解。

後來，李雙雙發現，幼兒園在一日三餐後，老師都會用發小紅花的方式來進行獎勵，如果哪位小朋友吃飯的時候表現得很棒，老師會發一朵小紅花以示獎勵。到了小學，孩子不在學校吃飯，這種獎勵制度自然就沒有了，女兒也就失去遵守規矩的動力。於是，李雙雙為女兒制定了一個作息表現獎懲表。在這個獎懲表上，李雙雙規定了吃飯的狀態、睡覺時間、起床時間等，她還告訴女兒，如果女兒一週中有五天能夠完成作息表上的要求，週末就會獎勵她去附近的遊樂場玩一次。如果沒有達到要求，週末則只能在家裡練習書法。

面對這樣的獎懲，女兒十分願意接受。之後，李雙雙發現女兒吃飯、睡覺都能按時完成了。

在現實生活中，我們會發現孩子遵從他們不願意遵守的一些規矩是需要動力的，而這些動力來源於哪裡？多半來源於家長的獎勵或鼓勵。同樣，在必要的時候，媽媽也要按照制定的規矩給予孩子一定的懲罰，只有這樣孩子才能牢記教訓，意識到規矩的嚴肅性。

媽媽帶小孩妙招

為了讓孩子遵守規矩，媽媽可能會變成一個「嘮叨」的媽媽。在生活中，我們經常會聽到媽媽催促孩子去做一些事情，也會聽到媽媽用命令式的口吻督促孩子遵守規矩。然而這些做法呈現出來的效果十分不理想。

那麼，在生活中，媽媽該如何透過獎懲方式去激勵孩子遵守規矩呢？

1. 透過獎懲一覽表來明確獎懲方式

在生活中，媽媽可以和孩子一起制定獎懲表，在表格中列出每天孩子需要完成的任務，在這個表格上，所呈現的任務要是具體的，比如完成幾道題目、完成什麼家事等。只有直觀、具體的任務，才能引申出確切的獎懲措施，這樣才能激發出孩子完成任務的動力。

2. 獎勵內容不可完全用物質代替

有些媽媽為了激起孩子遵守家庭規則的欲望，選擇用金錢或者物質的方式來獎勵孩子。比如，當孩子按時完成作業時，會給孩子十塊錢作為獎勵。這樣的獎勵往往對孩子長期行為習慣的養成是沒有太大意義的。媽媽不妨換一種方式來獎勵孩子，比如，孩子如果連續一週主動完成作業，在週末可以帶孩子去圖書館看孩子喜歡的漫畫，或去電影院看孩子喜歡的電影。我們選擇的獎勵方式一定要對孩子的成長有利，並且是孩子希望得到的。

3. 懲罰方式要與後果相關聯

由於孩子沒有遵守規矩而產生的後果，媽媽要讓孩子自己去承擔。同時，在懲罰措施中，可以將懲罰方式與後果相連繫，這樣才能達到更深刻的教育作用。比如，孩子調皮，將其他小朋友的玩具摔壞了，媽媽可以讓孩子用自己的零用錢去購買新的同款玩具，並歸還給別人，這樣孩子可以使用的零用錢會減少，他沒有足夠的零用錢去買自己喜歡的玩具，這就是他損壞他人物品所要承擔的後果。獎懲激勵對於孩子來講，是激發孩子主動遵守約定的一種方法。在這個過程中，媽媽切記不要單純依靠物質獎勵，要從多方面去激發孩子的主動性。同樣，媽媽也不要將懲罰定位為對孩子身體的折磨或者言語的攻擊，否則懲罰也就只是為了懲罰，根本達不到教育孩子遵守規矩的目的。

媽媽帶小孩解讀

獎懲激勵在當今社會中，運用得十分廣泛。對待孩子，無論是獎勵，還是懲罰，目的只有一個，就是讓孩子遵守規矩，遵從規則。透過獎勵讓孩子更願意去做該做的事情，透過懲罰讓孩子明白什麼事情不該做、不能做，這才是運用獎懲激勵教育孩子的目的。

用規矩教孩子學會尊重

在生活中，我們經常會聽到一些媽媽抱怨自己的孩子沒禮貌，抱怨孩子不懂得尊重長輩或者他人。提到尊重，一部分媽媽會認為孩子還小，不懂尊重他人也屬於正常情況，其實不然，在孩子 6 歲之後，他就需要開始學習尊重別人、尊重長輩，並且他已經有能力去理解尊重的含義，也能感知到尊重的具體表現。

幸運的是尊重是可以透過後天的教育培養出來的，媽媽在教育孩子的時候，完全可以利用訂立的規矩來幫助孩子學會尊重。比如，媽媽可以告訴孩子，在別人說話的時候不要隨便打斷別人的話，這就是在培養孩子養成尊重別人話語權的習慣。

尊重，是一種發自內心的素養。媽媽要培養孩子學會尊重別人，就要在這方面制定規矩。讓孩子在尊重別人的過程中，獲得來自他人的尊重。

曾經有一位教育學家說過：「當一個孩子不懂得尊重別人時，他的言行都透露著急躁與粗魯。」可見，一個懂得尊重別人的孩子是充滿耐心的人，而耐心的培養就離不開規矩。

媽媽帶小孩案例

馬麗是我的好朋友，所以我經常會去她家裡拜訪。馬麗的兒子已經 7 歲了，因為我去的次數多了，所以和馬麗的兒子也變得熟識。

週末，我再次去找馬麗聊關於工作的事情，正在我們認真聊天的時候，馬麗的兒子扯著她的手臂說道：「我渴了，我想喝果汁。」

馬麗對兒子說道：「親愛的，等一會我倒果汁給你。」

馬麗說完，緊接著又開始和我聊天，這個時候只聽到一個刺耳的聲音傳來：「媽媽閉嘴，我現在就要喝果汁。」這是馬麗兒子的聲音，馬麗停了下來，看了一下兒子，扭頭對我說道：「親愛的，抱歉，我需要跟我的兒子談一下。」

馬麗對兒子說道：「小杰，你不是我的老闆，你沒有資格命令我閉嘴。當然，你也沒有資格打斷我和朋友的聊天。」

「我只是想喝果汁。」馬麗的兒子解釋道。

「我理解你，但是我已經告訴了你，請不要輕易打斷別人的交談，我需要你的尊重，否則我不會樂意幫助你倒果汁的。」馬麗很嚴肅地對兒子說道。

「好吧，對不起媽媽，我記住了。」馬麗的兒子低下了頭。

「小杰，因為你的原因耽誤了我和朋友十分鐘的聊天時間，所以很抱歉，我需要推遲十分鐘才能給你倒果汁，如果你等不及的話，你可以嘗試著自己去倒果汁。」馬麗說道。

說完之後，瑪麗又開始和我聊天，而他的兒子只好自己去倒果汁。

透過馬麗教育兒子的例子，我們不難看出，她的兒子沒有遵守馬麗制定的規矩，並且言辭中缺乏對母親的尊重，而馬麗的做法是在教育孩子學會尊重別人。在現實生活中，很多媽媽不懂得如何讓孩子學會尊重他人，其實馬麗的做法值得我們去學習。

媽媽帶小孩妙招

學會尊重，有助於孩子在生活中獲得成功與進步，因為尊重本身是一種發自內心的態度。如果妳的孩子不懂得尊重同齡人，不懂得尊重長輩，那麼，孩子也無法獲得來自他人的尊重。媽媽要善於透過制定的規矩，來達到約束孩子言行的目的，而對孩子言行的約束，在相當程度上就是為了讓孩子學會克制自己、尊重他人。

在生活中，媽媽要如何讓孩子從規矩中學會尊重呢？

1. 媽媽要先學會尊重孩子

如果一個孩子從來沒有得到過親人的尊重，那麼，媽媽也不要期望孩子懂得尊重別人。因此，在制定規矩的時候，媽媽要先學會尊重孩子的意見和建議，多站在孩子的角度去進行思考，只有這樣孩子才更願意接受來自媽媽的「約束」。媽媽表達對孩子的尊重是多種多樣的，比如尊重孩子的能力、尊重孩子的選擇等等。

2. 站在平等的位置上制定規矩

很多媽媽在立規矩的時候，總是以長輩的姿態來要求孩子，這種姿態不利於孩子親身感受到什麼是尊重，很容易讓孩子認為規矩就是媽媽說了算，只要媽媽覺得正確的事情就會被立成規矩，這種思想一旦建立，孩子在媽媽面前便會覺得沒有尊嚴。其實，媽媽要用商量的口吻與孩子進行溝通，訂立規矩也是如此，不能過於強硬，否則孩子感受不到應有的尊重，自然也不會去尊重別人。

3. 個人價值等於尊重

媽媽立規矩的目的是什麼？其實就是為了透過這些有利於孩子成長的規矩，讓孩子多一些優點，少一些缺點，從而提升個人價值。而當孩子意識到這點之後，他會明白一個人的個人價值就體現在尊重與被尊重上。當自己獲得更多尊重的時候，就表明自己的個人價值提高了。同樣，當自己懂得尊重別人時，就表明自己在累積個人價值。

懂得尊重別人，別人才會尊重自己，這個道理應該告知孩子。因此，媽媽要學著讓孩子去尊重別人，同時也要讓孩子體會什麼是被尊重。當孩子對「尊重」有了正確的理解之後，他才會學著去尊重別人，才願意執行具有尊重意義的規矩。

媽媽帶小孩解讀

獎懲激勵在當今社會中，運用得十分廣泛。對待孩子，無論是獎勵，還是懲罰，目的只有一個，就是讓孩子遵守規矩，遵從規則。透過獎勵讓孩子更願意去做該做的事情，透過懲罰讓孩子明白什麼事情不該做、不能做，這才是運用獎懲激勵教育孩子的目的。

不要給孩子特權，做到一視同仁

媽媽愛孩子是一件十分正常的事情，但是不能因為愛就肆無忌憚地隨意遷就孩子。有的媽媽打著「愛孩子」的旗號，不惜一切去滿足孩子的需求和要求，甚至沒有原則和底線地去給孩子「特權」。其實，媽媽用給予孩子特權的方式去教育孩子，這對孩子的傷害是非常大的，甚至會影響到孩子的健康成長。從某種意義上來講，在家庭中給孩子「特權」，很容易讓孩子在內心裡有「獨尊」的感受，最終導致孩子養成自私的性格。

在很多家庭中，媽媽讓孩子生活在「特權」的環境中，將最好吃的留給孩子，最好的玩具送給孩子，站在媽媽的角度來講，她希望將全世界最好的東西都留給孩子，而站在孩子的角度來看，他們則會認為這是媽媽應該給予自己的。如果「特權」一旦消失，那麼孩子會感覺備受打擊，甚至會做出過激的行為。

對孩子來講，他們在家庭中的地位應該和其他家庭成員是一樣的，媽媽既不能仰視孩子，也不能俯視孩子。而給孩子特權，無疑是讓孩子認為，媽媽在主動打破規矩，孩子也就沒有遵守規矩的必要了。進一步分析，特權就是打破規矩的一種形式。媽媽主動給孩子家庭「特權」，無疑是在告訴孩子，他可以不遵守規矩。

媽媽帶小孩案例

王佳佳是典型的晚婚晚育者，她在將近四十歲的時候才生下兒子，現如今兒子已經上了小學，她很寵愛自己的孩子。

兒子喜歡吃牛肉麵，於是，每個週末王佳佳都會帶兒子去離家最近的麵館，吃一碗牛肉麵。每次去吃麵的時候，她習慣性地點兩碗麵，並將自己碗裡的牛肉都夾給兒子吃。久而久之，兒子已經習慣了將媽媽碗裡的肉吃掉。

這次，店裡的客人很多，王佳佳在麵端上桌之前，將自己碗裡的牛肉提前夾到了兒子的碗裡。當兒子拿起筷子想要吃麵的時候，他發現媽媽並沒有將牛肉夾給自己，於是便開始哭鬧，說媽媽偷吃了碗裡的牛肉。

面對這樣的情況，王佳佳對兒子解釋道：「媽媽已經提前將碗裡的肉放到你的碗裡了。」但是面對媽媽的這種說法，兒子並不認同，反駁說：「那我怎麼沒有看到，一定是妳把屬於我的肉偷吃了。」

無奈，王佳佳只好再要了一碗麵，然後當著兒子的面，將碗裡的肉夾給他。

透過王佳佳帶兒子吃牛肉麵的例子，我們會看到很多媽媽溺愛孩子的身影。相信很多媽媽都會在生活中給孩子一些「特權」，而給了孩子特權之後，媽媽還毫不自知。久而久之，媽媽和孩子都認為這種特權變成理所應當的時候，才會發現其危害有多大。

與王佳佳教育方式不同的是陳麗，陳麗的女兒上小學三年級。一天，爺爺奶奶從鄉下來看望女兒，買了女兒最愛吃的燒雞，奶奶將一個雞腿遞給女兒，女兒看到盤子裡的燒雞，便將另一個雞腿放到奶奶碗裡。奶奶笑得很開心，說道：「奶奶不愛吃雞腿，還是留給我的寶貝孫女吃吧。」說完，將碗裡的那個雞腿再次放到女兒碗裡。女兒看到碗裡的兩隻雞腿，疑惑地問媽媽：「媽媽，老師說要學會孝敬老人，可是奶奶又給了我。」

面對女兒的疑惑，陳麗說道：「奶奶因為愛妳，便將她的那個雞腿送給了妳，既然奶奶不愛吃雞腿，那妳可以夾給奶奶一些奶奶愛吃的食物。」

聽了陳麗的話，女兒將盤子裡的蝦夾了很多給奶奶，即使她自己也很喜歡吃蝦。

陳麗從來不讓孩子覺得自己在家裡是「特殊的」一員，她不溺愛孩子，這並不代表她不愛孩子。陳麗希望透過這樣的方式讓孩子懂得在家庭中，所有的成員都是一樣的，雖然女兒是個孩子，但是這並不意味著她有「特權」享受。

媽媽帶小孩妙招

相信很多媽媽都有這樣的想法，即孩子是弱小的，所以家裡所有的好東西都應該先給孩子，媽媽認為只有這樣才能彰顯自己對孩子的愛。然而這種做法其實並不是愛，而是在教孩子可以不遵守規則。那麼，在生活中，媽媽要如何避免給孩子「特權」，做到一視同仁呢？

1. 正確看待孩子

孩子對於媽媽來講是什麼？有的媽媽會說：「是我的全部希望。」如果媽媽將孩子看作是自己的全部，那麼自然會將生活中所有的美好都給孩子。要知道，在媽媽的眼睛裡，孩子只是個孩子，而在家庭中，他們也是家庭中的一員。如果媽媽將孩子看作是一個家庭成員，自然就會明白，其他成員要遵守的規則，孩子也必須遵守。

2. 正視規矩的存在

在當今社會，即便媽媽不對孩子制定規則，社會也會對孩子制定規則，這點是毫無疑問的。舉個很簡單的例子，孩子在進入學校之後，學校會要求孩子遵守紀律，甚至會要求孩子學會分享和禮讓。而在家庭生活中，這些規則也是適用的。比如，我們從小就知道的「孔融讓梨」的故事，在學校老師教會孩子要禮讓，而到了家庭生活中，媽媽卻賦予孩子「特權」，將最大的梨子給孩子吃，將最美味的東西讓孩子獨享。孩子會感到疑惑，甚至會質疑老師講的規則。其實，媽媽根本沒有意識到自己的做法違背了早已形成的規則，或者說媽媽根本沒有意識到規則的存在。在教育孩子的時候，媽媽要對自我行為進行深入思考，這樣便能夠避免特殊化對待孩子。

3. 在生活小事中避免給孩子特權

在生活中，讓孩子感覺到自己有「特權」的往往不是因為大的事情，相反，是在小事上讓孩子覺得自己有「特權」。比如，媽媽一邊對丈夫說不要亂丟東西，另一邊卻允許孩子將玩具丟得滿屋子都是，這就造成孩子一種感受：我可以亂丟東西。因此，媽媽必須從生活小事做起，拒絕在小事上給孩子「特權」。

不能因為孩子年齡小，就給孩子足夠的「特殊對待」，讓孩子認為自己就應該被特殊對待，這種思想對孩子以後的成長是十分不利的。因此，正確地對待孩子，對孩子自信心的建立也是有幫助的。

媽媽帶小孩解讀

給孩子特權，其實就是將孩子特殊化對待，剝奪原本屬於其他家庭成員的那份權利，然後贈予孩子，從而孩子多了一些享受權利的機會，少了對規矩的理解和遵守。媽媽教育孩子時，要避免在小事上進行「權利轉讓」，讓孩子明白他們也是家庭中的一員，需要和其他家庭成員一樣遵守家庭規矩。

第三章

孩子不能永遠在妳的傘下

責任感是一種自覺性很強的精神狀態。培養孩子的責任感，從本質來講就是讓孩子明白做什麼事情是有價值、有意義的。當然，孩子具備了責任感，才能驅動自己勇往直前、克服困難。培養孩子責任感，是媽媽賦予孩子無形的力量，畢竟，媽媽不可能陪伴孩子一生，不能做孩子永遠的保護傘。

接受成長，別讓孩子成了「阿斗」

作為母親，妳是否意識到孩子在慢慢長大呢？很多媽媽習慣性地為孩子做一切事情，甚至幫助孩子做所有決定，因為在媽媽心裡孩子永遠長不大。的確，對於媽媽來講，孩子無論多大年齡，在媽媽眼裡都是孩子，但這並不能表明孩子沒有長大，不能代表媽媽可以拒絕接受孩子長大的事實。

俗話說，「不做扶不起的阿斗」。在現實生活中，很多媽媽由於代辦、包辦孩子的一切事情，活脫脫地將孩子培養成了「扶不起的阿斗」。這樣的孩子表現為，不會獨立思考，不知道如何做選擇，更不敢獨自面對困難，總是寄希望於家長。即便孩子遇到了很簡單的問題，他們也不敢獨自去面對。這些表現歸根到底是因為孩子缺乏責任心，是由於媽媽拒絕了孩子成長所造成的。

成長是一個過程，在這個過程中，不僅需要媽媽付出無私的愛，更需要媽媽給予孩子鍛鍊的機會、成長的機會。因此，媽媽要學會陪伴孩子成長，讓孩子擁有成長的機會。

媽媽帶小孩案例

在一檔親子節目中，有這樣一對母子：兒子已經上小學四年級了，媽媽每天早上要叫孩子起床，還要做飯給孩子吃，幫孩子擠牙膏。出門之前，孩子穿鞋、繫鞋帶都是由媽媽來完成。不僅如此，每天放學回家，孩子寫完作業，媽媽還幫孩子整理書本和文具。

節目中的教育專家看到這一個個場景之後，便問那位母親，為什麼不讓孩子自己去做這些事情。母親回答道：「他還小呢，這些事情他做不好，還不如我做呢。」

教育專家聽了這位母親的話感到不可思議，便繼續問道：「難道你的兒子連自己繫鞋帶都不會嗎？」

這位母親說道：「也不是沒有讓他去嘗試繫鞋帶，但他竟然繫成了死結，中午放學回來我才發現。」

「那如果您的兒子在學校鞋帶開了，他會怎麼辦？難道讓老師幫他繫鞋帶嗎？」教育專家無奈地問道。

「那一定不能讓老師幫他繫鞋帶，他表姐和他在同個班，我告訴他可以請表姐幫他繫鞋帶。」媽媽回答。

「既然他的表姐和他在同個班，想必年齡應該相當，那為什麼別人家的孩子能學會的事情，您的兒子就不能學或者說不會做呢？」專家不解地問道。

媽媽有些不耐煩地回答道：「不是不能讓他做，我說了，讓他做了他也做不好。」

教育專家說道：「不能因為他一次做不好，您就一直代勞吧。」緊接著專家問她的兒子：「小朋友，你不覺得自己應該學會自理嗎？」

「我媽說我做得不好，說我還小，沒必要做這些事。」他回答道。

緊接著，專家對這個孩子做了一些測試，發現這個孩子從小學以來，幾乎沒有獨自解決過生活中遇到的任何困難，也從來沒有自己做過決定，媽媽幾乎包辦了孩子的一切。

透過這個例子不難看出，這位母親不認為孩子已經長大，在她的內心裡，自己的孩子上小學和上幼兒園時是一樣的。而孩子也認為遇到任何事情，只要找媽媽就可以解決了，自己不用去承擔自己該承擔的責任。顯然，這種被媽媽拒絕成長的孩子是缺少獨立思考能力的。

媽媽帶小孩妙招

在當今社會，媽媽要做的不僅僅是將自己全部的愛給孩子，更重要的是教會孩子如何在這個紛繁複雜的社會裡生存，如何讓孩子感受到自己存在的價值和意義。當然，沒有任何一個媽媽希望孩子最終一事無成。那麼，在現實生活中，媽媽要如何做才能讓孩子真正成長，避免孩子成為那個扶不起的阿斗呢？

1. 學會放手，讓孩子獨自面對

媽媽總是害怕孩子受到傷害，於是很多媽媽會提前掃除孩子成長道路上的一切障礙。不僅如此，有些母親會為孩子規劃好人生，以為這樣就是在幫助孩子。殊不知，不懂放手的媽媽，往往會製造孩子人生更大的陷阱。因此，媽媽要勇於放手，讓孩子獨自面對自己人生應該經歷的選擇，從而鍛鍊孩子的自主意識，讓孩子懂得為自己的選擇負責。

2. 豐富孩子的閱歷

人生重在體驗，當孩子體驗了成功與失敗，自然會明白是非對錯，也就能夠意識到什麼是責任，什麼是義務。因此，媽媽要多帶孩子體驗生活，讓孩子了解是非對錯。從而提升孩子對生活的理解，讓孩子在成長的道路上更有信心。

3. 先讓孩子努力自救

在孩子成長的道路上勢必會遇到很多困難，也會遇到一些孩子無法解決的難題。在孩子遇到挫折之後，媽媽不要急於伸出援助之手，而是要先讓孩子自己嘗試去解決問題，在孩子自救無果時，媽媽再出手幫助孩子解決困難。透過經歷挫折，孩子才能有更多的體會和感悟，才能讓孩子變得更加堅定和刻苦。

孩子的成長是需要一個過程的，同樣，在孩子成長的過程中，媽媽也必然要接受孩子的成長，即媽媽要勇於讓孩子接受新鮮事物，讓孩子大膽地去嘗試，給孩子足夠的成長空間。否則，孩子缺少了成長機會，在性格方面很容易出現懦弱膽怯等弱點。

媽媽帶小孩解讀

無論媽媽是否接受孩子長大的事實，孩子都會隨著時間而長大，當然，年齡的增加並不代表孩子真正意義上的成長。只有當孩子經歷了生活的洗禮，他才能真正長大。聰明的媽媽善於利用生活賦予的機會，促進孩子成長。

自我服務，有助於孩子培養責任心

對於孩子來講，當他們面對事物時，內心往往有自己的想法。為了能夠實現自己的想法，通常他們會選擇主動思考，從而捕獲更多資訊，他們透過這些「自我服務」來讓自己的想法得以實現，這就是孩子的自我服務。

在生活中，大部分媽媽習慣為孩子「服務」，也不乏一些媽媽成了孩子的貼身「保母」，其實這種對孩子無微不至的照顧，可能會讓孩子喪失自我服務的能力，而自我服務追求的就是獨立性、責任心和規劃性。比如，一個善於自我服務的孩子，他們能夠在時間上對學習與娛樂進行合理的規劃，讓自己的生活實現平衡，而自我服務的根源便是孩子明白自己的責任是什麼。

我們經常會聽到一些媽媽抱怨道：「我的孩子做事情很慢，半個小時了一件衣服還沒穿上。」其實，對於很多孩子來講，他們對待事物缺乏規劃，甚至缺少對事物本質的理解，這主要是因為媽媽沒有培養孩子的自我服務意識。

對於媽媽來講，讓孩子了解自己做一件事情會得到什麼、失去什麼，這要比拒絕孩子去做事情要重要得多。孩子在進行自我服務的過程中，勢必會去做一些媽媽可能不願意讓孩子做的事情，此時，媽媽一定要放開自己的手，讓孩子勇敢地嘗試，不管是成功還是失敗，孩子一定會有所收穫的。因此，培養孩子的責任心離不開對孩子自我服務能力的培養。

媽媽帶小孩案例

網路上有這樣一個影片：一個十多歲大的男孩自己在削蘋果，他手中的刀子很鋒利，男孩不小心將刀子掉在地上，而自己的手在撿刀子時不慎被割破。男孩看了看自己流血的手指，哭了起來。

這時媽媽走過去，心疼地看著孩子，孩子哭著說道：「媽媽，妳說得很對，這把刀很鋒利，我不該邊削水果邊看電視。」

可以看出，這位媽媽在孩子用刀削水果之前，已經提醒過孩子，水果刀很鋒利，要小心，孩子透過手指被劃破這件事情，已經意識到自己的責任所在。在生活中，很多媽媽都會希望孩子透過自我服務的方法來讓自己變得更有責任心。

梁貝貝已經9歲了，她的媽媽獨自開了一家麵館。暑假，媽媽希望梁貝貝去上補習班，而梁貝貝卻不願意去上補習班。

這天，又該去上補習班了，梁貝貝在房間裡哭鬧，目的就是不去上課。媽媽實在沒有辦法，對梁貝貝說：「既然妳不願意去上補習班，那只能和我一起去麵館工作了，妳一個人在家裡，我不放心。」

梁貝貝興高采烈地和媽媽去麵館。因為是暑假，麵館生意很好，到了下午兩點，客人還在陸陸續續進店來吃麵。梁貝貝不停地幫媽媽收拾餐具、洗碗，到了三點她又累又餓，但是媽媽還在忙，根本沒時間管她。一直到下午四點，梁貝貝和媽媽才有時間坐下來吃點東西，而這個時候，梁貝貝已經累得腿腳痠痛。到了晚上六點，店裡又開始忙碌，直到晚上十一點最後一桌客人才離開。到家之後，梁貝貝發現已經十二點半了。

媽媽問梁貝貝累不累，這個時候梁貝貝再也忍不住哭了出來，她對媽媽說：「媽媽，對不起，我明天就去上補習班。」

從那天之後，梁貝貝會主動去上課了，再也沒有吵著不去上課。

媽媽透過讓梁貝貝在店裡勞動的方法，讓她明白做任何選擇都是要為結果負責的，這其實就是讓梁貝貝對自己選擇的結果「負責」來意識到自我選擇的錯誤。

媽媽帶小孩妙招

通常來講，我們認為讓孩子學會自我服務是有好處的，這不僅能夠鍛鍊孩子的獨立性，還能夠讓孩子擁有獨立思考和獨立做事情的能力。另一方面，培養孩子的自我服務意識，能讓孩子看到自己做事情的後果。

那麼，在生活中，媽媽要如何培養孩子的自我服務能力呢？

1. 給孩子提供獲取資訊的通道

媽媽要培養孩子自我服務的能力，就需要讓孩子獲得足夠的資訊，確保孩子能夠開拓自己的思想，了解清楚事情的經過和本質。如果孩子對事情不夠了解，自然不會去自己解決問題。

2. 給孩子提供鍛鍊自我的場合

要培養孩子的責任心，那麼孩子就需要有自我鍛鍊的機會。部分媽媽總是包辦孩子的所有事情，這樣孩子自然會缺少鍛鍊的機會，久而久之，孩子便失去了獨立思考、獨立解決問題的能力。在一些場合、一些問題是可以交給孩子去解決的。比如，帶孩子去餐廳吃飯，剩菜剩飯要打包，這個時候媽媽可以讓孩子去找服務生要外帶盒，以鍛鍊孩子的膽識和應變能力。

3. 幫孩子建立自我「負責」的意識

培養孩子的自我服務意識，相當程度上是讓孩子學會對自己做的事情負責。這就需要孩子在做事情之前先了解自己這樣做的後果是什麼，預估後果的嚴重性。當孩子建立了自我負責的意識，那麼他們在做任何決定之前，都會很認真地思考，決定是否要這樣選擇，事情是否要這樣做。

自我服務，就是讓孩子做自己該做的事情，對自己的事情負責。這樣能培養孩子的責任心，避免孩子養成萬事靠父母的心理和生活習慣。

媽媽帶小孩解讀

自我，指的是孩子內心深處的自己，更真實的自我。服務，指的是可以帶給孩子利益或滿足的行為活動。讓孩子透過自我服務，做出自我選擇，最後再讓孩子學會承擔後果。自我服務的過程，並不能說明孩子所有的行為都是正確的，但這些行為一定承載了孩子真正的想法。

鼓勵孩子做事情有始有終

在生活中我們經常看到一些孩子在做某件事情之前興高采烈、熱情澎湃，但還沒做完就想要放棄，或者直接選擇放棄，這種做事半途而廢的現象很常見。曾在網路上有一幅漫畫，畫的是一個人在挖水井，他已經挖了很多坑，但是沒有一個坑能挖出水，而在他挖的最深的那個坑的下面一公尺處，就是水源。而這個人因為太累，最終放棄了挖水，自然他也沒有喝到水。可見，做事情半途而廢，還不如一開始就不去做這件事情，起碼不會浪費時間和精力，所以媽媽要從小教育孩子做事情不能半途而廢，要讓孩子學會堅持，即便遇到困難，做事情也要有始有終。

我們不妨去分析一下，孩子為什麼會出現做事情有始無終的現象呢？其實原因無非有三點：一是孩子在開始決定做某件事情時，好奇心很強，隨著對這件事情的接觸和了解，他們的好奇心不再那麼強烈，最終失去好奇心的時候，也就是孩子決定放棄的時候；二是因為他們在做某件事情的過程中遇到了一些困難，這些困難是孩子無法解決的，因此孩子只好選擇放棄；三是孩子不夠自信，從孩子內心來講他們覺得自己做得不夠好，或者即便做完這件事情他們可能也不會成功，於是選擇放棄。在了解了孩子做事情半途而廢的真正原因之後，媽媽要學會正確引導孩子，讓孩子在做事情的過程中避免出現半途而廢的現象。

媽媽帶小孩案例

這天劉麗麗的女兒在看電視，她看到電視上一位著名的鋼琴家在彈鋼琴，聽完鋼琴曲之後，她興致勃勃地對媽媽說，她也想學鋼琴。劉麗麗知道這可能是女兒一時興起，便沒有放在心上。第二天，女兒又開始要求學鋼琴，劉麗麗問女兒是不是真的想學，女兒堅定地回答：「我一定要學鋼琴！」

劉麗麗幫女兒報了鋼琴培訓班，然後讓女兒去學鋼琴，學了還不到一個月，女兒突然說自己不想學了，劉麗麗問她為什麼不想學鋼琴了，女兒回答：「學鋼琴太難了，又枯燥。」劉麗麗沒有說什麼，第二天照舊按時送女兒去學鋼琴，見了鋼琴老師，劉麗麗說自己的女兒說鋼琴太難，抱怨不想學了。鋼琴老師說：「昨天她彈錯了，我教了她一遍，她又彈錯了，可能是這件事情讓她覺得學鋼琴太難了。」

聽了老師的話，劉麗麗意識到女兒之所以想要放棄學鋼琴，是因為老師教的一些東西她沒能學會。於是，回到家之後，劉麗麗買給女兒她最愛吃的夏威夷果，每次吃夏威夷果，女兒都需要很用力地去剝殼，但她還是堅持自己去剝殼。女兒看到夏威夷果之後，她和往常一樣費力地剝殼。劉麗麗對女兒說道：「吃這個堅果是不是很費力氣？」

女兒回答：「是，但是我最愛吃的還是夏威夷果。」

劉麗麗繼續說道：「對啊，不管妳做什麼事情都可能會遇到困難，就拿妳學鋼琴來說，遇到難學的或者是一兩次學不會的情況屬於正常現象。如果妳遇到困難就放棄，那妳連夏威夷果也吃不到嘴裡。」

女兒聽了媽媽的話，從那之後再也沒有說要放棄學鋼琴。

隨著孩子的成長，當孩子到 6 歲之後，他們的好奇心會很強烈，因此對自己沒有接觸過的事情會十分好奇，而這個時候也是他們的耐力最差的時候，所以遇到困難會輕易放棄。此時，媽媽要幫助孩子學會堅持，讓孩子避免做事情半途而廢。

我們發現很多媽媽在教育孩子的時候，會忽視對孩子耐力的鍛鍊。比如，帶孩子去爬山，孩子爬了一會，便以累了為藉口，想要放棄。有些媽媽會答應孩子，背孩子下山或者坐纜車。在生活中，很多孩子做事情半途而廢往往是由於他們沒有意識到半途而廢會產生怎樣的後果。那麼，媽媽要如何幫助孩子避免做事情半途而廢呢？

媽媽帶小孩妙招

1. 媽媽要掌控好孩子做事情的難度和時間

媽媽在決定讓孩子做某件事情之前，需要先站在孩子的角度去分析孩子的年齡是否適合做這樣的事情，從這件事情的難度上分析，以孩子目前的理解是否適合孩子去做。千萬不要站在自己的角度去理所當然地認為孩子可以完成。另一方面，在要求孩子做某件事情上，要看看時間是否夠孩子去完成，比如，要求孩子用半個小時完成作業，孩子的作業很多，半個小時根本無法完成。當媽媽讓孩子做的事情遠遠超出孩子的能力範圍，孩子做事情自然會半途而廢。

2. 事前要先與孩子進行溝通

很多媽媽在決定讓孩子做一件事情之前，從來不與孩子溝通，媽媽認為自己做的決定是為了孩子好，沒必要與孩子商量。其實不然，如果提前徵求孩子的同意，那麼孩子會更願意去堅持完成。比如，媽媽要想讓孩子學舞蹈，可以先問問孩子是否感興趣，孩子是否願意學，如果孩子願意學，那麼他自然不會輕言放棄。

3. 關注孩子做事情的進度

在孩子做某件事情的過程中，媽媽可以不進行干涉，但是一定要關注孩子做事情的步驟。避免孩子在做事情的過程中遇到不懂的或者不會的之後，繼而選擇放棄。當媽媽看到孩子憑藉自己的能力無法解決某項問題時，可以給予孩子引導或幫助，從而避免孩子產生中途放棄的想法。

當孩子開始做某項事情之前，就要告訴孩子既然開始就必須盡力去完成，不想做完就不要輕易地決定開始。要先讓孩子明白做事情不能半途而廢，讓孩子對做事情的過程有一個正確的了解。

媽媽帶小孩解讀

做事情半途而廢的一大原因是孩子根本沒有意識到自己身上肩負的責任，當孩子進入小學階段，他們必須意識到自己對某些事情是有責任的。比如，家長可以讓孩子去養隻寵物，讓孩子每天餵食動物，讓孩子去取快遞等，透過這些小事情，能促使其意識到自己身上肩負的責任，這樣有利於孩子增加克服困難的信心和勇氣。

適當運用延遲獎勵，培養孩子的耐心

在孩子的教育過程中，對孩子有獎有罰，這是正常現象。有些媽媽為了讓孩子按照自己的意願做事情，會急於給孩子獎勵，這樣做的目的是為了讓孩子能夠更有動力。那麼，這種過早或提前獎勵的方式對孩子到底好不好呢？要想知道答案，我們要先知道什麼是延遲獎勵，延遲獎勵也就是「延遲滿足效應」，又被稱為「糖果效應」，即從長遠利益出發，自願延緩或者放棄眼前的、較小的滿足，而我們所說的培養孩子的自制力、判斷力等，都可以透過延遲滿足來進行訓練。

科學家曾經做過這樣的實驗研究：實驗室請來了一些年齡在 4 歲左右的孩子，並在他們面前放兩塊糖，如果他們能堅持 20 分鐘不吃，則 20 分鐘後他們可以擁有兩塊糖；如果堅持不了，想當下就吃掉，則只能吃到一塊糖。

這個實驗對於孩子來講是十分不易的，畢竟孩子既想要得到兩塊糖，又想要趕快吃到糖。最終的實驗結果是這樣的：三分之二的孩子願意等 20 分鐘之後，得到兩塊糖；剩下三分之一的孩子不想等待，最終得到了一塊糖。到這裡實驗還沒有結束，等到這群參加實驗的孩子長到 16 歲，科學家驚奇地發現，那些願意熬過 20 分鐘得到兩塊糖的孩子，都具有較強的自控能力，自信心與責任心也很強。而那些不願意等待 20 分鐘的孩子，他們均表現出猶豫不決、不敢付出、任性、懦弱等性格缺陷。

可以看出，對孩子延遲獎勵，有助於培養孩子的耐心和責任心，同時能夠讓孩子獲得更多的自信。反之，媽媽無原則地提前獎勵，對孩子耐心的養成是毫無益處的。

媽媽帶小孩案例

王倩倩正在學校門口等著兒子放學，站在自己身邊的一位穿著樸素的媽媽也在等她的孩子放學。此時，只見一個長得胖乎乎的男孩跑出來，女人高興地喊著男孩的名字。

「今天是不是出期中考試成績了？」這位媽媽問兒子。

「是，媽媽我這次數學考了98分。」兒子笑著說道。

「進步不少啊，兒子。」女人興奮地說道，「晚上你想吃什麼，媽媽買給你？」

兒子回答道：「我想吃薯條和漢堡，再來一杯可樂。」

「好，現在我們就去買。」說完，這位媽媽帶著孩子去了速食店。

王倩倩正看著母子二人離去的身影，這個時候自己的兒子也出來了，她沒去問孩子的成績，兒子自己說道：「媽媽，我這次考了班裡第二名。」

平時兒子的成績只能進前十，從來沒有考過第二名，王倩倩開心地說道：「你進步得很快，媽媽真開心！」

兒子繼續說道：「媽媽，我考了第二名，是不是暑假就能去墾丁旅遊了？」王倩倩正要提醒孩子這不是期末考試，兒子又說道：「哦，我忘了，您說的是期末考試考到班裡前五名才帶我去旅遊，看來下半學期我還要更努力才是。」聽了兒子的話，王倩倩知道孩子已經將自己的話記在了心中，並朝著自己的要求在努力。

透過這個例子，我們看到王倩倩並沒有像另一位媽媽那樣，立刻滿足孩子的要求，而是讓孩子學會耐心等待，並為了目標付出努力。這樣做有助於鍛鍊孩子做事情的耐心，對孩子的成長是十分有幫助的。

媽媽帶小孩妙招

媽媽在教育孩子的過程中，不僅需要讓孩子自覺去遵守之前的約定，還要讓孩子對自己的決定負責，同時，再培養孩子的自信心和決心。那麼，在日常生活中，媽媽利用延遲獎勵的方法培養孩子的耐心，究竟該如何來操作呢？

1. 從易入手

在媽媽利用延遲獎勵孩子的方法來鍛鍊孩子耐心時，不妨從簡單的事情入手。我們知道生活習慣的培養是需要時間的，而對於延遲獎勵這種方法來講，就如同習慣一樣，是需要花費時間來一步步完成的。媽媽可以從簡單的事情入手，這樣做能夠增強孩子的信心。

2. 延遲時間不能太長

對於延遲獎勵來講，延遲時間的長短也是有講究的，並不是說延遲的時間越長越好。相反，要在恰當的延遲時間內滿足孩子的需求。畢竟孩子的自控能力還沒那麼強，所以延遲的時間不能超出孩子的自控時間。

3. 讓孩子有獨立的空間去面對問題

媽媽要鍛鍊孩子的耐心，就要讓孩子學會獨立面對問題，讓孩子自己想辦法解決問題，這樣有助於培養孩子的自律性。當然在孩子獨立面對問題期間，媽媽也不要給予孩子太多「幫助」，否則會影響孩子的正常發揮。

在運用延遲獎勵的過程中，媽媽要注意，延遲的時間不能太久，同樣，延遲獎勵並不是不獎勵孩子。媽媽千萬不要在延遲的時候，忘記獎勵孩子，這樣會失信於孩子，對以後的教育是沒有益處的。

媽媽帶小孩解讀

延遲獎勵的教育方法，對孩子的影響是顯著的。既可以測出孩子自制力強弱，還能夠幫助媽媽糾正孩子的一些壞習慣。當然，每個孩子的性格也是存在差異的，這就導致延遲獎勵的時間會有所不同。需要我們注意的是，媽媽可以運用延遲獎勵的方式來培養孩子做事情的耐心和信心，同樣也要顧及孩子的心理和需求。

自「作」自「受」，讓孩子適當承擔後果

對於很多媽媽來講，每天要做的事情就是幫助孩子避免犯錯，她們害怕因為孩子犯錯，而讓孩子承受痛苦的結果。然而，我們會發現越是不想讓孩子犯錯，孩子越容易犯錯。那麼，如何才能讓孩子少犯錯呢？其實很簡單，讓孩子適當地承受錯誤所帶來的後果。

有些媽媽抱怨自己的孩子「不聽話」、「調皮」、「頑劣不堪」，於是，媽媽變成了「複讀機」，每天重複著相同的話語，苦口婆心地勸告孩子「要聽話、不要太調皮」。但是孩子始終不聽，甚至不將媽媽的話放在心裡。其實，要讓孩子真正聽話，就要讓孩子體驗做錯事的後果，這樣他們才能發自內心地意識到自己做錯了。

讓孩子承擔事情的後果，媽媽可能會擔心孩子受到傷害。其實，「吃一塹長一智」並不無道理，讓孩子吃一次虧，他們才能知道媽媽的話是有道理的，他們才能從內心深處感受到來自媽媽的愛。

媽媽帶小孩案例

我的同事郝豔紅有一個10歲大的兒子，每天早上起床都是磨蹭的，每次上學都需要郝豔紅三番五次地催促。她越是害怕兒子遲到，兒子越是拖沓。

郝豔紅總是因為孩子的事情跟我們抱怨，我建議讓孩子體驗一下遲到的後果。這天，郝豔紅買了一個鬧鐘，並交給了兒子，她告訴兒子，以後鬧鐘一響，他就必須起床。同時，郝豔紅也明確地告訴兒子，自己以後不會再叫他起床了。第二天早上，七點的鬧鐘響了，兒子睜開眼睛，摸索著尋找鬧鐘，然後關掉了鬧鈴繼續睡著了。而郝豔紅沒有像往常一樣著急喊醒兒子，而是坐在沙發上看書。過了一個小時，鬧鐘再次響起，兒子睜開眼睛，看了一眼鬧鐘，猛地一下反應過來自己要遲到了，因為學校要求八點半之前必須進入班級，老師要開始講課了。

兒子從床上跳下來，俐落地穿上衣服，然後跑到客廳，看到郝豔紅坐在沙發上看書，兒子喊道：「媽，我要遲到了，妳怎麼不叫醒我？」

郝豔紅不急不忙地說道：「我昨天已經告訴你了，鬧鐘會叫醒你，你自己不起床，我也沒辦法啊！」

兒子出家門的時候已經八點十五分，十五分鐘內趕到學校是不可能的事情，所以今天兒子注定是要遲到了。兒子在去學校的路上，著急地哭著說道：「我遲到了會被老師罵的，多丟人啊，我不想被罵。」

不出所料，兒子被老師罵了。從那之後，早上只要鬧鈴一響，兒子就會趕快起床，生怕自己會遲到。

還有一次，郝豔紅希望讓兒子參加暑假的游泳興趣班，但是他不想去學習游泳，而是想要學直排輪。在這件事情上，郝豔紅讓他自己做決定，但是唯一的要求就是無論他選擇學什麼，都要堅持學到最後，不能想著放棄。最後，兒子選擇了心愛的直排輪培訓課。到了冬天，不管天氣多寒冷，他都會去公園練習直排輪。

透過這個例子我們可以看到，讓孩子適當地承擔事情的後果之後，他們會意識到自己的問題所在，從而更有利於孩子主動改正自己的錯誤行為。媽媽要培養孩子的責任心，首先就要讓孩子學會對自己的行為負責。

媽媽帶小孩妙招

在教育孩子的過程中，媽媽不希望孩子犯錯，甚至會想盡辦法阻止孩子犯錯。其實，在任何一個人的成長過程中，都不可避免地會犯錯。這個時候媽媽要教會孩子的不是不去犯錯，而是對自己犯錯的後果負責。

那麼，在生活中，媽媽要如何讓孩子對自己的行為負責呢？

1. 讓孩子為自己的錯誤負責

很多時候，孩子明知道自己的行為是錯誤的，但還是會去做，這個時候要讓孩子知道，堅持錯誤的結果是很糟糕的體驗。比如，孩子明明知道放學之後玩遊戲、不做作業是不對的，那麼他就要承擔做不完作業被老師懲罰的後果。

2. 讓孩子為自己的選擇負責

在很多時候，媽媽習慣性地替孩子做選擇，而媽媽的選擇並不是孩子所希望的，這個時候孩子會拒絕。為了避免這種現象的發生，媽媽可以讓孩子嘗試著自己做選擇，並告訴孩子，做出選擇後就要堅持到底，並為自己的選擇負責。比如，孩子看到別的孩子學了程式設計，他也想要學，這個時候媽媽可以讓孩子自己選擇學與不學，不管做出怎樣的選擇，媽媽都不要急著替孩子分擔後果。

3. 孩子自己的事情必須自己負責

孩子對自己的事情要負責，這就要求媽媽要學會放手，不要事事都替孩子去做。當孩子明白自己的衣服要自己洗、自己的碗筷要自己收拾的時候，他們會意識到自己也是家庭中的一名成員，他們也有責任讓家變得更好。

有些事情既然是孩子去做的，那麼孩子就有承擔後果的義務。當然，在孩子處理問題的過程中，媽媽要時刻陪伴並提醒孩子，避免孩子遭受身體上的傷害。

媽媽帶小孩解讀

媽媽讓孩子承擔後果的時候，一定要注意是「適當」承擔，也就是說有的時候結果很嚴重，並不是孩子自己能夠承擔的。這個時候孩子的內心會十分無助，他們期盼可以得到媽媽的幫助，而此時媽媽就需要伸出援助之手了，及時給予孩子一定的引導和幫助，避免孩子產生無助、自卑的心理。

讓孩子用屬於他們的方式解決問題

可以說天下沒有一個媽媽不希望自己的孩子變得更好，於是，媽媽開始想盡辦法避免孩子發生問題，她們認為孩子遇到的問題越少，他們才會越幸福、越成功。因而，很多媽媽不理解孩子為什麼願意用自己的方式去解決遇到的問題，對孩子來講，只有自己解決問題才會讓他們覺得開心和滿足。

對於孩子來講，他們渴望透過自己的努力去解決問題，也希望透過自己的方式來處理一些問題，媽媽的「幫助」似乎就是多餘的。比如，孩子想要學習騎腳踏車，媽媽可能會認為這是一項危險的運動，在孩子騎的過程中，她們會在後面扶著腳踏車，生怕腳踏車倒了，而孩子卻希望自己練習，即便摔倒，也要憑著自己的努力學會。

當一個孩子善於透過自己的方式來解決問題時，他的大腦是十分活躍的，同時，他也能表現出足夠的自信。如果媽媽幫孩子解決了他們遇到的所有問題，那麼孩子是無法感受到成就感的，久而久之，孩子會放棄主動思考問題，選擇依賴大人的智慧和力量。

媽媽帶小孩案例

劉悅悅的女兒上了四年級，這天放學回家，女兒直接鑽進了自己的房間。按照往常，女兒會先玩一會遊戲，再進屋寫作業的。

吃飯的時候，劉悅悅發現女兒好像有心事，總是一副心不在焉的樣子。劉悅悅問女兒發生了什麼事情，女兒開始訴說自己的委屈：「我和小梅是好朋友，每天我們都在一起玩，今天我只是不小心將她的手鍊弄壞了，她就生氣了，一天都沒理我。」

劉悅悅才知道原來女兒在社交上出了問題，她問女兒是否向小梅道歉了，女兒委屈地說道：「我道歉了，並且我還說會賠她一條新的手鍊。」

劉悅悅說：「既然是妳不小心弄斷了她的手鍊，那麼這件事情妳應該更主動一些。明天妳可以想辦法再彌補一下。」

劉悅悅認為孩子之間發生了問題，應該讓孩子自己去解決，畢竟孩子已經上了四年級，這件事情沒必要家長出面解決。

第二天女兒放學回家，可以看出她沒有了昨天的那份委屈和不悅。

「媽媽，您知道哪裡有修手鍊的嗎？」女兒邊問邊拿出了一條斷了的銀手鍊。

「我們家附近的珠寶店就可以修。」劉悅悅說道。

女兒問道：「媽媽，吃完飯您能陪我去修這條手鍊嗎？原來這條手鍊是小梅媽媽送給她的生日禮物，小梅生氣是怕她媽媽看到手鍊壞了責備她。」

「當然可以，我相信這條手鍊是可以修好的。」劉悅悅笑著說。

飯後，劉悅悅陪女兒去了珠寶店，慶幸的是這條手鍊被修好了。次日，女兒將手鍊拿給了她的好朋友小梅，最終，她們兩個人和好了。

透過這件事情可以看出劉悅悅並沒有干涉女兒處理自己的事情，她試著讓女兒去解決自己遇到的問題，當然最終的結果也是她希望看到的。在生活中，我們總是希望能幫助孩子做任何事情，但是卻忽略了孩子也有自己的思想，他們也有自己處理問題的方法。

媽媽帶小孩妙招

隨著孩子長大，他們理解事物的能力也在不斷完善，在處理問題的時候，孩子有自己的思想，因此，媽媽不妨給孩子獨立的空間，讓孩子用自己的方式去解決問題，從而讓孩子意識到自己的事情必須自己負責。

那麼，孩子用自己的方法處理事情的過程中，媽媽要如何去做呢？

1. 對待簡單的事情，媽媽不要干涉孩子做事情的順序

有些事情在大人看起來是十分簡單的，但是對孩子來講，他們可能不會按照大人的做事順序去完成。因此，在這個時候，媽媽不要期望孩子按照自己的做事順序去完成，給孩子自由發揮的空間，讓孩子按照自己的做事順序完成這件事情。

2. 對於複雜的事情，媽媽可以適當給予引導

對於孩子解決不了的問題，或者在孩子沒有解決方法的時候，媽媽可以給予一定的思想引導，或者僅是幫助孩子去分析問題，但這並不代表媽媽要替孩子去做事情。當然，孩子也有權利不按照媽媽的引導去做，這個時候媽媽要學會尊重孩子的選擇。

3. 媽媽不要提前告知孩子結果

作為大人，媽媽經歷的事情要比孩子多，當孩子用自己的方法去解決問題時，也可能會出現錯誤，媽媽在發現孩子可能會出錯之後，不要急於提前「劇透」結果，而是要讓孩子自己去發現錯誤。這樣做不但能夠讓孩子感受到妳的尊重，還能意識到自己的錯誤，更能避免類似的錯誤再次發生。

隨著孩子的成長，孩子解決事情的能力也在不斷增強。因

此，對於孩子可以自己解決的事情，媽媽沒有必要插手，媽媽要拋棄自己的「控制欲」，不要強迫孩子按照自己的做事風格去做事情，更不要認為按照孩子的思路就做不成事情。相信孩子的能力，媽媽會發現孩子做得會更好。

媽媽帶小孩解讀

孩子用自己的方式解決問題，這意味著孩子在經過思考之後，會根據自己對事物的理解以及經驗來處理問題。無論孩子運用的方式在媽媽眼裡是多麼的幼稚或簡單，媽媽都不要急於否定孩子、打斷孩子。要知道，很多時候孩子解決問題的結果不重要，其解決問題過程中的思考和行為才是最有價值的。

第四章
別當孩子的提款機

媽媽必須了解無論孩子歲數大小，他們始終是要自己面對社會的，而在社會生活中最離不開的恐怕就是錢了。所以，對孩子進行財商教育，培養孩子對金錢的理解、理財意識的能力是十分必要的。當然，培養孩子的財商，能讓孩子懂得如何花錢。

孩子亂花錢，不妨讓他先「賺錢」

隨著社會經濟條件越來越好，孩子已經成為整個家庭的寶貝，媽媽對孩子的要求經常是有求必應，從來捨不得拒絕孩子。孩子想要什麼，媽媽總是迫不及待地準備，這樣一來，孩子便很容易養成花錢大手大腳、不懂節約的習慣。孩子從來不去考慮錢是如何賺來的，也不去想父母賺錢多麼的不易。為了讓孩子不亂花錢，媽媽究竟要如何做呢？

要想讓孩子不亂花錢，控制自己花錢的欲望，不妨讓孩子先學會賺錢。有的媽媽可能會認為，現在讓孩子學著賺錢，是否為時過早了？其實，在孩子成長的過程中，讓孩子學會賺錢非常重要。第一，能夠讓孩子了解到父母賺錢的辛苦，讓孩子從內心深處知道珍惜錢；第二，當孩子學著自己去賺錢時，他們會更願意付出腦力進行思考，也能鍛鍊孩子的溝通交際能力；第三，在孩子內心播種「有勞有得」的種子，讓孩子明白只有經過勞動，才能夠有所收穫。

媽媽帶小孩案例

暑假來了，張曉敏的兒子天天在家玩遊戲。一天，兒子對張曉敏說：「媽媽，給我點錢，我要買裝備。」

張曉敏知道，兒子要錢是為了買網路遊戲中的虛擬裝備，這已經不是第一次了。張曉敏對兒子說道：「你可以用自己的零用錢。」

「我的零用錢早已經用完了。」兒子邊玩邊說。

張曉敏每個月都會給兒子500元零用錢，她沒想到兒子已經將這些錢全部花完了。張曉敏覺得孩子玩遊戲也是一種放鬆的方式，再加上兒子的學習成績也不錯，所以她沒有過多的干涉，但是現在看來，她覺得是時候讓孩子懂得錢的重要性了。

「媽媽已經一個月沒工作了，家裡除了吃喝和日常開銷，已經拿不出來給你玩遊戲的錢了，你要想花錢買遊戲裝備，不妨自己想辦法去賺錢吧。」

兒子不耐煩地看著媽媽，問道：「我做什麼能賺錢？」

媽媽看著家門口菜園子裡的菜，然後對兒子說道：「我們家能賣的也就菜園子裡的菜了，這樣吧，你把菜園子裡的茄子、番茄、黃瓜拿出去賣，你賣多少錢是你的事，賺的錢媽媽一分也不要。」

聽了媽媽的建議，兒子覺得很不錯，心想，賺了錢就可以玩遊戲了。就這樣，兒子去菜園摘光了所有的菜，他不會騎摩托車，只好騎腳踏車，將菜用兩個菜簍裝好，之後便去各個街道叫賣。

天氣炎熱，沒過半個小時，兒子滿身都是汗。開始的時候，兒子不知道賣菜要喊，半天過去了，幾乎沒人買他的菜。後來遇到一個賣豆腐的爺爺，爺爺告訴他要叫賣，不然沒人知道他在賣什麼。兒子學會了叫賣，聽到有人賣菜，一位老奶奶走過來看了看他的番茄，問多少錢一斤，但是他不知道一斤番茄要賣多少錢，隨便說道：「三十塊錢一斤。」老奶奶抱怨太貴了，菜店才二十塊錢一斤。兒子知道了番茄的價格，為了能盡快賣出去，他將番茄定價為十五元一斤。就這樣，一天過去了，他賣了一半的菜，還剩下一半沒有賣出去，手裡只有賺來的十八塊錢。

晚上到家，張曉敏叫他吃飯，兒子又累又餓，看到桌子上的饅頭和稀飯，兒子生氣地質問張曉敏：「我累了一天了，怎麼沒有菜和肉？」

張曉敏邊喝粥邊說道：「你把菜園的菜都摘了，所以沒有菜吃了。家裡沒有肉，買肉需要錢，我已經告訴你了，家裡的錢不多了，不能天天買肉吃。」

兒子只好啃起了饅頭，這個時候兒子似乎意識到自己的錯誤，便對媽媽說：「媽媽，對不起，我知道錯了，以後我不再亂花錢了。」

透過這個例子，我們可以看到張曉敏讓兒子去賣菜，是為了讓他知道錢來之不易，從另一方面來講，她是為了讓兒子明白亂花錢是需要付出代價的。在現實生活中，每個媽媽都希望自己的孩子會賺錢，而不是只懂得如何花錢，這不僅是為了孩子能形成良好的金錢觀，更是為孩子的以後考慮。

媽媽帶小孩妙招

在生活中，媽媽與其創造豐富的物質生活，不如培養孩子的財商；給孩子足夠的金錢，不如教會孩子如何賺錢。那麼，媽媽該如何教孩子賺錢呢？

1. 誠實地和孩子討論錢

在生活中，孩子有時會問媽媽家裡是否有錢，這個時候媽媽該如何回答呢？有的媽媽會對孩子進行苦情教育，告訴孩子家裡「很窮」，而有些媽媽卻選擇不正面回答孩子的問題。其實，面對孩子的提問，媽媽只需要誠實地回答孩子，並讓孩子知道他們的消費底線和家裡的支出底線就可以了。在孩子了解家庭經濟狀況之後，如果他們打算去賺錢，那麼媽媽要告訴他們家庭可以提供給孩子怎樣的支持和保障。

2. 讓孩子學會「照顧」自己的錢

很多媽媽會給孩子一些零用錢，孩子自然是想買什麼就買什麼。於是，孩子會在上半個月隨意亂買，下半個月無錢可花。媽媽不妨幫助孩子學會平衡開支，幫孩子養成記帳的習慣，讓孩子將每筆錢是如何花的、如何賺的都記清楚。這樣做方便孩子有金錢的概念，同時，方便孩子管理自己的金錢。

3. 鼓勵孩子進行投資

如果孩子亂花錢，媽媽不妨告訴孩子，讓孩子學會簡單的投資，也就是讓孩子學著將一塊錢變成兩塊錢，這樣做的目的是為了讓孩子能夠暫時停止不合理的消費欲望。當孩子真的賺錢了，他們自然明白其中的辛苦，也會主動改掉自己亂花錢的習慣。

媽媽帶小孩解讀

讓孩子賺錢，媽媽注重的是孩子在賺錢過程中都做了什麼，要知道讓孩子賺錢不是目的，目的是透過賺錢的過程讓孩子明白錢來之不易，不可隨意揮霍。透過賺錢的經歷，孩子能夠控制自己的欲望，懂得節儉的意義。

適當節制：零用錢給得恰到好處

孩子進入小學之後，難免會需要購買一些學習用具和課外讀物，學校附近可能會有一些商店、超市等，孩子有時候難免希望買一些零食，這個時候媽媽可以適當地給孩子一些零用錢。

有的媽媽給孩子零用錢是很隨意的，想給 10 塊錢就給 10 塊錢，想給 100 塊錢就給 100 塊錢，似乎給孩子零用錢時，媽媽從來不會過多地思考，也不去計算多長時間給一次零用錢，更不去幫孩子規劃如何使用這些零用錢。這樣做的結果就是孩子不加節制地去花錢，甚至孩子還會時不時地向媽媽要錢，要錢的理由也是五花八門，今天要買鉛筆，明天文具盒壞了。媽媽面對孩子的「要錢」，也沒有理由拒絕，只能是孩子要多少給多少。久而久之，孩子認為只要自己要錢，媽媽就會滿足自己，所以他們無論買什麼東西都不會去思考自己該不該買，花錢的時候自然就不懂得節制。

作為媽媽，要知道給孩子零用錢的目的是什麼，因此，零用錢不是隨便給的，要讓孩子知道零用錢不是要多少給多少，也不是只要孩子需要，媽媽就會滿足。這種被動的方式，讓孩子學會計劃性消費，讓孩子明白自己的零用錢是在需要的時候才能花的。

媽媽帶小孩案例

王小米的女兒已經上小學了，她為女兒制定的計畫是每週會給她 50 元作為零用錢，而這些錢只能花在買學習用具、課外書等方面。但是每次女兒都抱怨自己的零用錢太少，根本不夠花。

王小米覺得很奇怪，畢竟一週 7 天，飯不用買，上學坐車不花錢，女兒到底都將錢買了什麼呢？王小米問女兒，女兒只是敷衍地說買了吃的，王小米也沒當回事。

這天王小米正在上班，突然手機響了，是女兒的班導打來的電話，老師讓王小米趕快去學校一趟，老師說她的女兒生病了肚子痛。

王小米趕快開車到了學校，女兒已經在學校醫務室裡了。這個時候王小米才知道，原來女兒每天都會買好幾根冰棒吃，有時她還會請班裡其他同學吃冰棒。這兩天可能是因為冰棒吃多了，所以肚子痛。

王小米這才知道女兒零用錢不夠花的原因。於是，王小米決定改變給女兒零用錢的方式，她每天只給女兒5元的零用錢，並告訴女兒如果不夠花，也沒辦法。她希望透過這種方法來改掉女兒亂花錢的習慣。

我們會遇到孩子零用錢不夠花的情況，此時，我們一定要堅定自己的立場，除非是孩子遇到了特殊的事情，否則不能輕易改變。有的孩子會向媽媽抱怨，說自己的零用錢沒有班裡其他孩子的多，這個時候媽媽也沒有必要急於增加零用錢的額度，而是要根據實際需求來衡量是否應該給孩子增加零用錢。

媽媽帶小孩妙招

在現實生活中，孩子上了小學，一點零用錢都不給孩子，似乎是不可能的。因為孩子總是需要買各種學習用品或課外書的，這個時候媽媽必須給孩子一些零用錢，那麼要給孩子多少零用錢，什麼時候給孩子零用錢比較合適呢？

1. 定時定量

如果媽媽不知道要給孩子多少零用錢，那麼不妨運用定時定量的方法，比如，一個星期給孩子 100 元，每個週日給一次。這種定時定量的方法，能讓孩子很確定地知道自己有多少零用錢可以使用，這有助於孩子制定合理的花錢計畫。

2. 特殊事情特殊對待

媽媽平時給孩子 50 元的零用錢，可是在這期間，孩子突然需要買某個學習用品，而這個學習用具的價格是 75 元。這個時候媽媽不要強行剝奪孩子僅有的 50 塊錢，媽媽可以再給孩子 50 元，買完學習用具，孩子手裡還有 25 元零用錢可以使用。

3. 孩子的零用錢不是補償款

對於一些比較調皮的孩子來講，他們可能會因為調皮闖禍，比如，損壞別人的物品，這個時候媽媽不要急於用錢替孩子承擔後果。對於一些媽媽來講，只要孩子出現不願意寫作業、不想上興趣班等情況，她們可能會趕緊給孩子零用錢作為「鼓勵」，從而達到讓孩子上課的目的。這種給零用錢的方式對孩子的教育是十分不利的，孩子會認為只要自己表現得不好，媽媽就會給自己零用錢，孩子會故意用這種方法來獲得更多的零用錢。

媽媽帶小孩解讀

讓孩子學會適當節制，從心理層面來講，是讓孩子學會控制自己不該有的欲望，學會自我管理。從生活層面來講，是為了讓孩子擁有一個合理的消費計畫，讓他們能夠正確地使用自己擁有的零用錢。在孩子規劃自己的零用錢如何使用方面，媽媽可以給予提醒，但不要過多干涉孩子的決定，畢竟零用錢給了孩子，孩子便有了所有權和使用權。

媽媽有絕招，孩子愛存錢

提到讓孩子存錢，很多媽媽覺得這是不可能實現的。因為大部分孩子拿到零用錢之後，腦子裡想的是這筆零用錢要如何花，多半孩子的零用錢是不夠花的，更不要說存錢了。其實，父母根本不指望孩子能存多少錢，只不過是希望從小培養孩子的儲蓄觀念。

在生活中，我們經常會聽到孩子的抱怨：「媽媽，您給我這點零用錢，我怎麼可能存下來？」這個時候，許多媽媽真的會從自己身上找原因，心想是不是自己給孩子的零用錢太少了，同時，也會將孩子存不了錢的原因歸結是自己給的零用錢太少了。

有些媽媽會想，自己給孩子零用錢就是為了讓孩子花的，如果為了讓孩子存錢，那直接自己存起來不就行了。其實，我們讓孩子去存錢，是為了培養孩子的儲蓄意識，而從另一方面來考慮，是在培養孩子的危機意識。讓孩子知道可能某一天會遇到需要用錢的時候，這個時候不用求助於他人，自己便可以用自己的儲蓄去解決問題。因此，媽媽最好幫助孩子養成儲蓄的習慣。

媽媽帶小孩案例

「媽媽，我想買個超人力霸王。」在超市裡，我聽到身邊的男孩對自己母親央求道。

那位母親不耐煩地說道：「家裡有多少個超人力霸王了，你怎麼還要買？」媽媽拒絕的理由顯然是孩子所不能接受的。於是，孩子生氣地說道：「家裡就兩個，再說那兩個已經舊了，我就想買這個新的。」說完孩子強行從貨架上拿下一個大的超人力霸王玩具。

「放回去，聽到沒？」媽媽開始對孩子咆哮。

最終，那位媽媽強行將孩子手裡的超人力霸王放回了貨架上，母子二人十分不悅地離開了超市。

在超市或商場我們經常會看到類似這樣的情景，孩子想買某樣東西，而媽媽不允許買。當然，上面事例中這位母親的做法是十分常見的。而下面這位媽媽的做法更值得我們學習：

敏敏帶著女兒去朋友家做客，朋友拿出一套拼圖給女兒玩。女兒十分喜歡，便對敏敏說道：「媽媽，您也買一套拼圖給我吧，我也想要冰雪王國的拼圖。」

敏敏沒有表現出不耐煩，說道：「我記得買過拼圖給妳，如果妳還想要拼圖的話，妳可以自己存錢買，我相信妳的零用錢一定夠買一套冰雪王國拼圖的。」

「好，那我每個星期存 5 元，相信一個多月之後，我就能買到拼圖了。」敏敏的女兒笑著說道。

原來敏敏每次去銀行存錢都會特地帶上女兒，她希望透過存錢的過程，讓女兒建立存錢的概念。當需要花錢的時候，敏敏也會帶著女兒去銀行取錢，她讓女兒了解到存錢可以幫助我們解決困難。

媽媽帶小孩妙招

對孩子來講，他們對存錢或許沒有概念，也意識不到存錢的用途和意義。對於媽媽來講，應該幫助孩子建立存錢的意識，並讓孩子體會到存錢帶來的好處，這樣能夠讓孩子的財商更高。當然，存錢並不是一件容易的事情，對於大人尚且如此，對於孩子來講更為不易。所以，媽媽應該想盡辦法幫助孩子建立儲蓄的意識，讓孩子愛上存錢。

1. 給孩子建立獨立的存錢工具

大人可能會透過提款卡或網路銀行存錢，而對於孩子來講，這兩種方式實現起來似乎都有些困難。這個時候，媽媽不妨買一個大小合適的存錢罐，讓孩子將錢直接放到存錢罐中，等到孩子存的錢到達一定金額時，可以帶孩子去銀行，為孩子開通帳戶。這種方式是為了方便孩子存錢，讓孩子對存錢有意識。

2. 鼓勵孩子用存錢的方法解決問題

在生活中，孩子可能會有一些自己想要買的玩具、禮物等，這個時候媽媽要鼓勵孩子透過儲蓄的方式去實現自己的願望。比如，同學快要過生日了，孩子想要送對方一個禮物，這個時候，媽媽可以建議孩子先存錢，用自己存的錢購買禮物，這個禮物的意義就更特別了。

3. 媽媽帶孩子體驗存、取款

如果媽媽是一個「月光族」，那麼想要讓孩子學會存錢，可能是一件比較困難的事情。因此，我們必須以身作則，自己先學會存錢。媽媽可以有意地帶孩子一起去銀行存錢，讓孩子感受到存錢的樂趣，也可以帶孩子去銀行取錢，讓孩子知道存錢的好處。透過孩子的親身體驗，他們會對儲蓄有一定的概念的。

媽媽帶小孩解讀

教孩子儲蓄，也是教孩子如何理財。對於孩子來講，他們對儲蓄不會自動產生意識，同時他們也不明白儲蓄有什麼作用和價值。此時，媽媽可以特地去教導孩子，告訴孩子存錢可以零存整取，遇到問題或困難時，自己就可以幫自己度過難關，從而使孩子知道存錢的意義所在。

孩子的壓歲錢，媽媽別隨意占用

春節是孩子們都期盼的節日，其中最重要的一個原因是能得到來自長輩的壓歲錢。少則幾百，多則上萬，都是有可能的。想必很多媽媽都會對孩子說：「你的壓歲錢媽媽先幫你保管，等你需要的時候再跟媽媽要。」孩子便會將原本屬於自己的壓歲錢，不情願地交給媽媽保管，媽媽這樣做也並非想要占有這些錢，而是害怕孩子亂花錢，或者是將錢弄丟，而孩子之所以給媽媽是因為媽媽說了「需要的時候再跟媽媽要」。可是，真的到了孩子需要花錢的時候，又有幾個媽媽會給孩子呢？

網路上曾經做過一個關於「你是否願意將壓歲錢交給父母保管」的調查，調查對象主要是 7 ～ 14 歲的孩子，調查結果顯示：67%的孩子不願意將錢交給父母保管，33%的孩子願意將錢交給父母保管。透過這個調查結果可以看出，大部分的孩子希望可以自己使用壓歲錢，不希望父母參與。這樣一來媽媽會很擔心，大筆壓歲錢交給孩子，孩子亂花錢怎麼辦？要是一點都不給孩子，孩子也會不開心的，面對這個兩難問題，很多媽媽十分苦惱。

從培養孩子財商的角度來看，對於壓歲錢，如果孩子有合理的計畫，那麼媽媽可以交給孩子保管。如果孩子希望媽媽幫自己保管，這個時候媽媽可以替孩子保管，但是媽媽不能隨意使用孩子的壓歲錢，媽媽只是盡到保管作用，但這部分錢還是歸孩子所有。

媽媽帶小孩案例

我的姪女已經 10 歲了，過年的時候她一共收到了 2,000 元的壓歲錢，但是她媽媽不希望她自己保管，便對她說：「媽媽幫妳保管，免得妳弄丟了，妳要用的時候可以找媽媽要。」姪女很放心地交給了媽媽。

寒假結束，姪女開學了，她看到同學都背著新款的書包，便也想要換一個新書包。這個時候她要求媽媽買一個新書包，她的媽媽拒絕了，理由是現在的這個書包還能用。姪女說：「那您把我的壓歲錢給我，我自己去買。」

她的媽媽說道：「妳的壓歲錢？妳的壓歲錢我早已經拿去繳舞蹈課學費了，妳哪裡還有壓歲錢。」

聽了媽媽的話，姪女著急地大哭起來：「說好的，您替我保管，您怎麼花了？」

「我報舞蹈班也是為了妳好啊，這錢也是花在妳的身上了，我也沒花自己身上。」她的媽媽說道。

姪女傷心地說：「以後我的壓歲錢再也不讓您幫我保管了。」

想必很多媽媽都這樣做過，本來答應替孩子保管壓歲錢，但是會因為一些事情將孩子的壓歲錢花掉，並且還覺得自己花得很合理。其實，對於孩子來講，他們認為所謂的壓歲錢，是屬於他們自己的，不僅如此，這些錢也必須是由他們使用的。媽媽占用孩子的壓歲錢，不但讓孩子覺得大人不講信用，而且對孩子的財商培養百害無一利。

媽媽帶小孩妙招

很多媽媽會認為孩子的壓歲錢是用自己的錢換來的，的確如此，壓歲錢多是父母透過禮尚往來為孩子「爭取」到的。因此，有些媽媽覺得自己使用孩子的壓歲錢理所當然。但我們要知道，這樣做對孩子的財商培養十分不利，這麼做容易讓孩子分不清錢的歸屬權。

那麼，媽媽要如何管理孩子的壓歲錢呢？

1. 讓孩子自己做理財計畫

如果孩子的壓歲錢數額較大，那麼媽媽可以讓孩子做一個計畫，比如，拿出 100 元用於購買文具，200 元給同學買生日禮物，300 元用來買課外書，剩下的錢可以存到銀行。當孩子有了明確的計畫之後，媽媽便不用再擔心孩子會亂花錢，或者是弄丟了。

2. 提供孩子理財建議

在生活中，聰明的媽媽會為孩子推薦合理的理財方式，建議孩子做一些小金額的理財。這樣做能夠從小培養孩子的財商，幫助孩子學會理財。比如，當媽媽發現某個理財基金不錯的時候，可以和孩子討論，建議孩子投資理財基金等。

3. 讓孩子用壓歲錢體驗生活

在寒暑假，有些媽媽擔心孩子在家天天玩電腦、看手機會影響視力。這個時候，媽媽不妨建議孩子用壓歲錢去做點「小生意」。比如，讓孩子買小玩具等，去夜市擺攤販賣。這樣做能夠讓孩子體會到賺錢的不易，也能夠鍛鍊孩子的經商頭腦，開發孩子的財商。

媽媽帶小孩解讀

壓歲錢的所有權到底歸誰？很多媽媽認為壓歲錢應該歸大人，其實壓歲錢是應該屬於孩子的。因此，當媽媽要想使用這筆錢的時候，一定要徵得孩子的同意，不能強行將這筆錢劃歸自己或劃歸家庭所有。

教孩子理財，孩子才懂錢的意義

教會孩子理財十分重要。經過研究發現，在孩子5歲之後，就應該讓孩子學著「善用金錢」，當孩子上了小學，孩子就要學著如何管理金錢。

讓孩子學會理財，不是為了單純地教會孩子如何做到勤儉節約，更重要的是為了讓孩子了解現代的理財觀，從而有助於孩子更容易理解金錢的價值與意義。有的媽媽會認為現在孩子學習理財是沒有必要的，覺得孩子只有花錢的能力，根本沒有賺錢的能力。其實，對於孩子來講，他們需要了解的不僅僅是花錢或賺錢，更重要的是錢究竟能做什麼、多少錢能做什麼事、錢是如何獲得的等等。媽媽不應該將孩子看作是花錢的「工具」，而是應該教會孩子什麼是理財，讓孩子明白錢對生活究竟有何影響。

在一些先進國家，孩子從小就會接觸理財知識，學校會請老師專門介紹理財的重要性，甚至還會要求孩子在日常生活中進行理財。要知道，孩子的金錢觀對他們以後會有很大的影響，甚至會影響孩子的一生。

媽媽帶小孩案例

小李有一個女兒和一個兒子，女兒小名叫朵朵，兒子小名叫卡爾，兩個孩子一個 12 歲，一個 9 歲。每次出門，小李發現朵朵都要用自己的零用錢買玩具娃娃，雖然家裡已經有各種娃娃了，但是見到不同的，女兒還是會買。兒子則喜歡汽車模型，雖然有些模型很貴，但是卡爾會存上幾個月的零用錢，只為買一個汽車模型。正是這個原因，兩個孩子的零用錢從來沒有夠花過，甚至他們還會找爺爺奶奶要零用錢。

看著一天天長大的兩個孩子，小李決定要讓孩子建立理財意識。她將女兒和兒子叫到書房，對他們說以後零用錢不再直接給他們現金，而是直接存到他們的帳戶，兩個孩子欣然接受了。於是，小李為兩個孩子一個人辦了一張提款卡。每個月在固定時間，小李會將錢匯到兩個孩子的帳戶。

女兒拿到提款卡很開心，她迫不及待地跑到樓下的超市買了自己夢寐以求的玩具娃娃，她看到帳戶裡的錢一下子少了一半。兒子卡爾也開心地走到玩具店，買了一個家裡沒有的汽車模型，這個模型花掉了他當月所有的零用錢。

就這樣過了三個月的時間，小李發現女兒再也沒有買過娃娃，兒子也已經兩個月沒有買過任何汽車模型了。轉眼，半年過去了，小李問女兒帳戶裡有多少錢，女兒開心地說，這半年她的零用錢已經存了1,000元，女兒說自己捨不得花裡面的錢。此時，兒子也興奮地說自己還有800元零用錢。

小李問女兒和兒子為什麼能剩下錢，女兒說道：「我感覺以前您給的錢是屬於您的，現在存到自己的帳戶裡，覺得花的就是我自己的錢，看著數字慢慢減少，十分捨不得。」

兒子說道：「我可不想讓自己帳戶裡的錢變成零，那樣我再看到喜歡的玩具，就沒辦法買了。」

小李聽了之後很高興，並且對兩個孩子說道：「媽媽的錢一部分存在了銀行，這樣會有利息，如果你們暫時不用這筆錢的話，也可以放在銀行存定存，雖然利息不多，但是一年下來，也是夠你們吃幾根冰棒的。」

聽了小李的話，兩個孩子開心地要求媽媽教他們將錢存成定存。

透過這種方法，小李讓兩個孩子學會了存錢，改掉了孩子亂花錢的毛病。不僅如此，孩子也意識到了金錢的用途。

媽媽帶小孩妙招

讓孩子學會理財，並不是直接對孩子講解理財知識，而是要讓孩子在生活中參與到理財過程中。媽媽可以多讓孩子做一些與金錢有關的事情，這樣能夠讓孩子去了解理財，從而知道理財的意義。那麼，媽媽要如何培養孩子的理財意識呢？

1. 教孩子認識貨幣和提款卡

媽媽想要讓孩子學會理財，自然要讓孩子先認識「錢」，讓孩子正確分辨錢上的符號和圖案，同時讓孩子認識提款卡，畢竟現如今辦很多事情還是要依賴提款卡的。媽媽要讓孩子知道提款卡的作用是什麼，從而讓孩子對金錢和提款卡的基本功能有一些簡單的理解。

2. 讓孩子參與到家庭消費過程中

消費是理財的一種形式，因此，媽媽在生活中，可以讓孩子參與到消費過程中，這樣能夠讓孩子加深對錢的功能的理解。比如，媽媽要去菜市場買菜，這個時候完全可以邀請孩子一起去，讓孩子了解五十塊錢能夠買到什麼東西，一百塊錢又能夠買到什麼東西。在生活中，讓孩子建立「物」與「錢」的價值關係，這有利於孩子理財意識的形成。

3. 讓孩子嘗試多種理財方式

理財不一定是賺錢，而是一種對錢的合理分配計畫。因此，媽媽可以讓孩子建立自己對金錢的計畫分配表。比如，媽媽給孩子 200 元零用錢，讓孩子計劃如何使用這 200 元。在孩子的規劃表中，要包含：消費、儲蓄、借貸等多種形式。

理財的方式有很多，媽媽要讓孩子懂理財，必然要先自己會理財。對於很多媽媽來講，她們自己都不懂理財，這就很難教孩子學理財了。

媽媽帶小孩解讀

理財不僅僅是投資或者賺錢，更重要的是讓孩子學會管理金錢和做財務規劃。當孩子進入小學階段，他們在心理上已經對金錢有了簡單的理解，這個時候媽媽要讓孩子明白金錢能幫助他們獲得什麼。同時，讓孩子了解如何合理規劃現有的金錢，從長遠角度去計劃如何利用時間來獲得金錢。教會孩子理財，不是單純地讓孩子賺錢、存錢，而是讓孩子學會基本的金錢管理技能。

做公益，加深孩子對錢的理解

在很多媽媽心目中，做公益似乎跟孩子沒有關係。有些媽媽覺得很多事情孩子還不懂，所以沒有必要讓孩子參加到公益事業中。其實，媽媽不要認為做公益活動是大人的事情，也不要認為只有做出驚天動地的事情才算是做公益，一點一滴的小事也可以彰顯價值，而這些都可以稱之為公益活動。

為什麼要帶孩子做一些公益性的活動？這樣做其實是為了孩子能夠感受到金錢不僅僅可以用來滿足自己的欲望，還能夠幫助其他人。對於孩子來講，他們內心可能有透過自己的力量來幫助別人的願望，但是他們不一定有這樣的機會，所以，這就需要媽媽來為孩子提供機會。

媽媽帶小孩案例

週末，王琳琳要求女兒去做作業，女兒卻想讓她帶自己去遊樂場玩。看到女兒不情願的樣子，王琳琳有了一個想法，她對女兒說：「然然，妳已經10歲了，今天既然妳不想做作業，那麼就和媽媽去做一些有意義的事情吧？」

「什麼有意義的事？」女兒好奇地問道。

「妳也知道，媽媽是孤兒院的義工，今天妳可以陪媽媽一起去孤兒院，為那裡的孩子做點事嗎？」王琳琳對女兒說道。「我能為他們做什麼？」女兒繼續問道。

「妳現在已經10歲了，那裡有很多比妳小的小朋友，妳可以將自己看過的繪本或圖書送給他們，也可以用自己的零用錢幫那裡的小朋友買一些小禮物。」王琳琳說道。

「我不看的書倒是不少，但是我不知道他們需要什麼禮物。」女兒說道。「妳覺得他們喜歡什麼，妳就可以送給他們什麼。」王琳琳沒有指定孩子要買什麼禮物，而是讓孩子自己去選擇。

女兒一個月的零用錢有 100 元，只見女兒拿著花剩下的 60 塊錢進了一家文具店。她買了一些學習用具。去之前，女兒將自己所有不看的書都裝到了媽媽的車上。

到了孤兒院，女兒將準備好的禮物送給了那裡的孩子。在回來的路上，女兒突然對王琳琳說：「媽媽，以後每個月都帶我來孤兒院好嗎？我要用我的零用錢幫他們多買一些禮物。」

王琳琳聽了很開心，她問女兒：「那妳的零用錢恐怕要不夠用了。」

女兒說道：「我可以不買玩具，每個月您給我的零用錢，我會盡量少花一些，省下來的錢可以買禮物給他們。」

聽了女兒的話，王琳琳感到很欣慰。

對於王琳琳的女兒來講，她能夠透過做公益這件事情，意識到零用錢還有另一種使用價值，並且樂於用這種方式來使用自己的零用錢，實屬難得。從另一方面來講，王琳琳的女兒在做公益的過程中，意識到了金錢的價值。

媽媽帶小孩妙招

媽媽要透過做公益的方式，讓孩子更了解金錢的價值，讓孩子看清楚金錢的意義，不妨從以下幾點著手：

1. 讓孩子用自己的零用錢或壓歲錢做好事

當孩子在制定零用錢計畫的時候，媽媽要特地向孩子灌輸做公益的概念，讓孩子可以自主地將一部分錢劃分到做公益上面。這樣做是為了讓孩子從小養成奉獻意識，同樣也能夠讓孩子了解到金錢不僅僅可以用來消費，還可以用來幫助別人。

2. 從生活中的小事做起

做公益不一定是非要帶孩子去做大事，也可以透過一些小善舉來實現做公益的目的。比如，帶孩子去撿寶特瓶，然後將這些寶特瓶送給拾荒的老人。要知道這些小事情也是能夠幫助孩子建立正確的金錢觀的。

3. 讓孩子脫離舒適區

媽媽帶孩子做公益的時候，孩子所處的環境可能是惡劣的，這個時候孩子脫離了原本舒適的生活區，從某種意義上來講可以鍛鍊孩子的意志，讓孩子更加真切地意識到金錢的價值所在。比如，帶孩子去偏鄉，可以讓孩子感受那裡孩子生活的艱苦，從而喚醒孩子對現有物質生活的珍惜。

媽媽帶小孩解讀

公益，其實就是個人透過做好事和善舉，來為社會提供公共財的行為。因此，這種行為本身是值得讚揚的。貢獻個人的金錢或勞動，讓他人獲利，從本質上講是偉大的。讓孩子透過這種行為感受到金錢的好處，這對孩子建立正確的價值觀是十分有幫助的。

第五章
愛孩子，要學會拒絕

許多媽媽將孩子看作是「心頭肉」，孩子要求什麼，媽媽就答應什麼，孩子要什麼，媽媽就給什麼。殊不知這樣的有求必應會讓孩子養成一些不好的生活習慣，甚至會害了孩子。因此，媽媽要勇於對孩子說「NO」，讓孩子知道媽媽的底線是什麼，適當地拒絕孩子的要求，這對孩子的成長有利無害。

帶孩子，不是一味地滿足孩子的所有要求

在生活中，我們經常會聽媽媽對孩子說：「你想做什麼就告訴媽媽，只要你不哭就行。」似乎只要孩子「聽話」、「夠乖」，他們提出的所有要求，媽媽都會答應。不僅如此，有的媽媽會讓孩子覺得自己是無所不能的，因為不想讓孩子失望，於是她們會想盡辦法滿足孩子所有的願望。久而久之，妳會發現，孩子提出的要求越來越多，也越來越離譜，孩子會變得越來越「不聽話」。

媽媽管教孩子的目的是什麼？難道真的是為了讓孩子不哭不鬧，乖乖聽話嗎？媽媽應該讓孩子知道自己的底線在哪裡，要對孩子說「不」，要讓孩子知道有些事情是不被允許的，這樣做才能幫助孩子分清是非對錯，才能讓孩子有所忌憚和在意。

有的媽媽會覺得孩子還小，我們要滿足孩子所有的要求，否則孩子就會沒有安全感。其實不然，當有一天妳發現自己已經沒有能力去滿足孩子過分的要求時，孩子的心理落差會很大，孩子表現出的狀態也會很糟糕。因此，媽媽要有區別地對待孩子的要求，不能一味地遷就孩子。

媽媽帶小孩案例

我的鄰居是一位 8 歲女孩的媽媽，她的女兒是社區裡出了名的「小公主」。為什麼這樣說呢？是因為就連鄰居都會無條件

地滿足女兒的所有要求。

記得他們搬到這裡的第一天，我看到這位媽媽大包小包搬運東西，而女兒不但沒有幫媽媽拿東西，還要求媽媽抱她進屋。於是，我看到這位媽媽，左手拎著兩個包裹，背上背著女兒，右手拿出鑰匙在開房門，看到這一幕，我便趕快上前幫她拎東西。

之後，她邀請我去她家裡做客。我剛去沒多久，只聽到她的女兒在臥室喊道：「媽媽，妳快過來！」

只見她不顧及我在客廳，立刻跑到臥室去了。

過了一會，她回來和我又聊了一會，她的女兒又喊道：「媽媽，我餓了，我想吃披薩。」

鄰居耐心地對女兒說：「現在才十點，早上妳吃了那麼多，怎麼現在就餓了？妳先吃點水果，喝杯牛奶，等十一點媽媽再買披薩。」

「我現在就要吃，我不吃買的，我就要吃妳做的。」女兒說道。

「現在太早了，再說我們剛搬過來，還沒有收拾好，目前家裡沒有做披薩的東西。」媽媽解釋道。

「我不管，反正我就要吃妳做的披薩。」女兒生氣地說道。

見狀，我趕緊告辭。剛走出他們家，我就聽到媽媽對女兒說道：「好好好，只要妳別鬧，媽媽現在就做。」

對於這位母親來講，或許她讓孩子聽話的唯一方法就是滿足孩子所有要求。在她看來，孩子的要求並不過分，只是孩子太小而已。其實，媽媽無條件地滿足孩子的要求，只會讓孩子覺得只要自己哭鬧、發脾氣，媽媽就會放棄原則，答應自己。久而久之，孩子會變得更加難以管教。

媽媽帶小孩妙招

管教孩子就要讓孩子明白什麼事情該做，什麼事情不該做；什麼要求該提，什麼要求不該提。那麼，在生活中，媽媽面對孩子的要求該如何做呢？

1. 滿足孩子的合理要求

所謂合理的要求，就是這個要求要具備正確性。比如，當孩子跑步的時候，跑了二十分鐘後，表示太累了，希望暫時休息，這個時候媽媽可以允許孩子休息。從這點來看，孩子合理的要求就是符合常理的。

2. 推遲滿足孩子合理但不恰當的要求

有的時候孩子提出的要求雖然是合理的，但卻是不恰當的。這個時候媽媽不妨運用延遲滿足法，對孩子的要求進行延遲滿足。比如，在冬天，孩子看到其他的小朋友吃冰淇淋，他也想要吃冰淇淋，而孩子的腸胃不太好，那麼媽媽可以對孩子說，等氣溫高一些的時候再買冰淇淋給他吃。冬天吃冰淇淋這個要求並不存在不合理性，但是對孩子身體健康來講卻是不恰當的要求，媽媽可以延遲滿足孩子，讓孩子心存希望，這樣孩子不至於覺得媽媽太過嚴苛。

3. 拒絕孩子不合理、過分的要求

孩子提出不合理的要求時，媽媽要堅決地對孩子說「不」，讓孩子知道他的要求已經觸碰到了妳的底線，並且讓孩子知道他的要求是錯誤的，或是不合理的。收起妳的不忍心，對待孩子那些過分的要求，媽媽一定要堅決地回絕。

媽媽帶小孩解讀

孩子的要求並不等於孩子的需求，理解這點對媽媽來講十分重要。對於孩子合理的需求，媽媽可以盡量去滿足，而對於孩子不合理的要求，媽媽只需要堅持自己的原則即可。不要擔心自己拒絕了孩子過分的要求，孩子會失落，當孩子明白了是非對錯之後，他們會明白妳的用心良苦的。

面對孩子的無理要求，媽媽要守住底線

俗話說女人善變，其實最善變的莫過於孩子。孩子有時候是「天使」，但有時候也是「惡魔」。為什麼這樣說？因為在孩子成長的過程中，他們總會向大人提出一些不合理的要求，甚至

是非常過分的要求。孩子在小的時候提出要求，如果媽媽不答應，他們會哭鬧著滿地打滾。面對此景，很多媽媽會妥協，滿足孩子過分的要求，卻不知當媽媽做出一次妥協之後，緊接而來的可能是孩子更誇張、更過分的要求。因此，媽媽要明白自己教育孩子的底線是什麼，孩子提出的哪些要求是可以滿足的，而哪些要求是不能滿足的，即便是孩子大哭大鬧，也不能事事遷就孩子。

很多時候，孩子會透過哭鬧的方式，來讓媽媽感到無助。於是，媽媽為了避免孩子哭鬧，孩子提出的任何要求，媽媽都會給予滿足。然而我們會逐漸發現，孩子的脾氣越來越大，要求越來越過分，自然，這對雙方來說都不是好的結果。

媽媽帶小孩案例

王菲菲的女兒已經 11 歲了，每個月她都會跟王菲菲多次要零用錢，只是為了買玩具或者零食。這幾天她又在跟王菲菲要錢，這次要錢是為了買一個娃娃。王菲菲一開始是拒絕的，即使女兒哭鬧，王菲菲也堅持沒有給女兒錢。

緊接著，女兒開始鬧絕食，沒辦法，王菲菲只好妥協，滿足了女兒的要求，但是她宣告這是最後一次滿足女兒的願望。但是沒過多久，女兒又以要買文具為由再次要錢，並且再次用絕食威脅王菲菲，王菲菲很無奈地再次妥協。

面對這種情況，王菲菲十分苦惱，她向閨蜜小麗抱怨，說女兒總是用這種方法來威脅自己。小麗對王菲菲說：「妳要告訴孩子哪些要求是妳不會滿足她的，並且在她哭鬧要挾的時候，妳應該堅持自己的態度，不能心軟，因為此時的心軟就是對孩子的放縱。」

聽了小麗的話，王菲菲決定試著去拒絕女兒的要求，女兒還是用同樣的方式來要挾王菲菲，但是她發現自己的方法不再有效果的時候，就放棄了，並且從那之後，女兒再也沒有用鬧絕食這個招數跟她要過錢了。

在生活中，孩子提出不合理的要求很正常，畢竟很多時候孩子對於自己提出的要求也不清楚是對是錯。媽媽拒絕孩子要求的過程，就是讓孩子明白哪些要求是正確的，哪些要求是錯誤的。

媽媽帶小孩妙招

聰明的媽媽善於拒絕孩子過分或偏激的要求，當然，在生活中我們更應該讓孩子知道哪些要求是合理的，大人可以滿足的，而哪些要求是媽媽怎麼也不會滿足的。

那麼，當孩子提出不合理的要求時，媽媽要如何應對呢？

1. 對於孩子提出的不合理的要求，媽媽要堅定地拒絕

孩子要去小河裡游泳，而在小河旁邊明確寫著「禁止游泳」的警示語，這個時候，媽媽要告知孩子在這裡游泳會發生什麼，

產生怎樣的嚴重後果，並且已經發生過哪些慘案，然後拒絕孩子去游泳。

2. 對於孩子提出過分的要求，媽媽要先跟孩子講道理

晚上十點孩子不睡覺，要求媽媽做漢堡。孩子可能覺得這件事情似乎沒什麼問題，但是作為媽媽應該告訴孩子晚上睡覺之前是不能吃太多東西的，否則會影響身體健康，會胃痛。一旦孩子認可了媽媽的觀點，以後孩子便不會提出類似的要求了。

3. 孩子提出的要求危害到他人利益，這個時候媽媽要教會孩子換位思考

當孩子要求媽媽將別人的玩具帶回家時，妳可以讓孩子站在別的小朋友的角度思考問題，最後再拒絕孩子的要求。

媽媽帶小孩解讀

孩子之所以提出無理的要求，很多時候是因為孩子沒有意識到自己提出的要求有多麼過分。因此，媽媽在聽到孩子提出無理要求之後，不要急於去訓斥孩子，而是要向孩子說明為什麼他的要求是錯誤的、過分的。所謂「無知者無畏」，正是因為孩子對是非並沒有明確的理解，所以才不懂得畏懼，才會肆無忌憚地提出不合理的要求。因此，媽媽要做的就是讓孩子「先理解是非」，然後再表明自己的態度。

孩子為比較而提出要求，媽媽要這樣引導

比較心是如何產生的？對孩子來講，出現比較心多半是因為孩子拿自己的不足與別人的優點進行比較。我們在生活中，會聽到一些孩子說：「媽媽，我們班小明有一雙新款的運動鞋，您能不能也買一雙給我？」、「媽媽，小麗有一條項鍊，您能不能幫我買一條？」孩子說類似的話時，其實歸根結柢是因為孩子出現了比較心。

孩子因為想要與他人進行比較，而提出一些要求時，媽媽該如何去做？有的媽媽害怕孩子因為需求得不到滿足，而產生自卑心理，所以會滿足孩子的所有要求。有些媽媽覺得這是因為孩子的虛榮心在作祟，便會訓斥孩子、吼罵孩子。其實，這兩種方法都不能徹底解決孩子愛比較的問題。此時，媽媽不妨給予孩子正確的引導和指導，讓孩子自己去分辨，自己提出的要求是否真正符合自己的需求，再結合自己的實際情況決定是否需要媽媽滿足自己的要求。

媽媽帶小孩案例

張小北已經上了四年級，這天媽媽接他放學。在回家的路上，他悶悶不樂，媽媽問他怎麼了。他對媽媽說：「媽媽，明天買雙新鞋給我吧？」

「你腳上的鞋壞了嗎？」媽媽好奇地問道。

「沒有壞，但是我想要一雙新鞋。」張小北低著頭說道。

「這雙鞋我記得才買了一個多月吧？」媽媽說道。

「我知道，但是和我一起玩的慕言、周杰名，他們兩個人都買了相同的一款鞋，最主要的是那款鞋是最新款，我也想要一雙。」張小北說道。「哦，原來是這樣呀！」媽媽停了一下，繼續說道，「那雙鞋多少錢？」張小北說：「不到 2,000 元吧。」

「但你剛買了腳上的這雙新鞋。」媽媽勸說道。

「我腳上的這雙鞋才 900 元，也不是最新款。」張小北繼續說道。

媽媽沒有再說話，而是開車來到了一個賣饅頭的店鋪門口，媽媽讓張小北一起下車。然後對張小北說道：「如果我買了新鞋給你，是不是意味著你腳上的這雙 900 元買的鞋子就再也不穿了？」

「對啊，我要是有了新鞋，我一定不穿這雙舊的了。」張小北說道。媽媽指著饅頭，對賣饅頭的老闆說：「老闆，900 元能買多少饅頭？」

店老闆說：「10 塊錢兩個，妳算算。」

「也就是 180 個饅頭，那請問您這一籠屜能蒸多少個饅頭？」媽媽繼續問道。「一籠屜最多蒸 80 個饅頭。」店老闆說道。

媽媽轉身對張小北說道：「兒子，你聽到了嗎？你扔掉腳上這雙鞋相當於浪費了 180 個饅頭，也就是比兩籠屜還要多的饅頭。」

「那又怎樣？」張小北問道。

「你按照一天吃4個饅頭計算，吃完180個饅頭需要45天，也就是1個半月。如果你真的決定再買一雙新鞋，那你只能是1個半月不吃主食了。」媽媽說道。

聽了媽媽的話，張小北意識到自己的要求有些不合理，在回家的路上他沒有再提買新鞋的事情。

在生活中，孩子看到別人有的東西，往往會希望自己也能擁有，這是一種很常見的心理。孩子出現這種比較的心理並不可怕，可怕的是媽媽不懂得去正確引導孩子轉變思維，而是一味地去滿足孩子不合理的要求。

媽媽帶小孩妙招

對於孩子來講，他們的需求本身就是多變的。他們可能看到某個人擁有某件東西時，便也想擁有，這個時候媽媽要做好孩子的心理疏導工作，幫助孩子改變這種比較心理，那麼，媽媽該如何正確引導孩子呢？

1. 了解孩子比較形成的原因

孩子比較心理的形成是複雜的，很多孩子是因為自卑，因此他們想透過一些物質的外顯，來達到填補自卑心理的目的。有些孩子則是希望透過這種方式來吸引媽媽的關注。因此，母親要想改變孩子的比較行為，就要先分析孩子為什麼會比較，比較的原因是什麼。

2. 引導孩子轉換比較方向

孩子擁有比較心未必是壞事，從另一角度來講，證明孩子有競爭意識。因此，媽媽可以利用孩子喜歡比較的心理，轉換孩子比較的具體方向。比如，鼓勵孩子在學業上與別人進行比較，而不是在物質需求上與別人進行比較。

3. 幫孩子分析其內心真正的需求

孩子提出的所有要求都是他們發自內心希望得到的嗎？其實並非如此。很多時候孩子提出的要求並不是他們內心所需求的，只是因為孩子的比較心在作祟。在這個時候，媽媽可以幫孩子分析結果，讓孩子意識到自己的要求即便得到了滿足，對他的影響也不會很大。再遇到類似情況時，孩子會用真實的內心需求來戰勝比較心。

媽媽帶小孩解讀

比較心，指的是別人擁有的，自己也希望擁有。如果能將比較心賦予正能量，那麼它能幫助孩子獲得前進的動力。而如果孩子的比較心等同於虛榮心，那麼媽媽要正確引導孩子，幫孩子將比較心轉化成上進心、進取心。

拒絕孩子要有理有據，坦率真誠

當孩子提出無理或過分的要求時，作為媽媽要不要直接拒絕孩子的要求？如果拒絕了孩子的要求，孩子當場開始哭鬧又該如何處理呢？這恐怕是很多媽媽都想知道的答案。在生活中，孩子可能會提出一系列的要求，對於孩子提出的要求，媽媽首先要做的是分析孩子的要求是否合理，如果孩子的要求不合理，自然可以真誠坦率地拒絕孩子。

有些媽媽不善於拒絕孩子，當聽到孩子提出過分的要求時，她們只會生氣地吼罵孩子，這個時候的孩子是迷惑的，因為他們不清楚自己為什麼會惹怒媽媽。對孩子發火、吼叫，這並不是解決問題的方法。

媽媽帶小孩案例

「媽媽，我要買恐龍。」一個男孩站在玩具店門口，對媽媽說道。

「寶貝，我們家的恐龍已經有很多了。」媽媽解釋道。

「不行，那些都是舊的，我要買新的。」男孩繼續要求。

「舊了但是還可以玩，所以沒有必要買。」媽媽耐心地對孩子說。

「我不管，我就要買。」男孩邊說邊哭。

看到已經哭泣的孩子，媽媽沒有責備他，而是繼續說道：「我知道你現在很想要買店裡的恐龍，可是你不是說要和別的小朋友分享玩具嗎？如果你把店裡所有的恐龍都買回家，其他小朋友也像你一樣，想要買恐龍怎麼辦？」

聽了媽媽的話，小男孩停下了哭聲，媽媽繼續說道：「我們家有那麼多恐龍了，玩具店那個就留給其他和你一樣喜歡恐龍的小朋友吧，不然他們也會哭的。喜歡恐龍並不一定非要都買回家，你將新的買回家，家裡舊的恐龍也會傷心。」

小男孩沒有繼續哭，他擦著眼淚，然後說道：「老師教過我們要分享，所以我把恐龍分享給別的小朋友吧。」

「對呀，寶貝已經6歲了，懂得分享玩具了。」媽媽笑著說道。就這樣，小男孩笑著、跳著跟媽媽回家了。

對於很多孩子來講，他們對自己的要求是有簡單的理解的，在提出某些不合理的要求之前，他們也知道媽媽可能會拒絕滿足自己的要求，但是出於自己的喜好或情緒，他們會用提要求這樣的方式來試探媽媽，如果這次試探成功了，那麼以後他們會提出更為過分的要求。面對孩子的要求，媽媽可以拒絕孩子，但是拒絕孩子要講究方法，要讓孩子知道自己被拒絕的理由是什麼，有理有據地說服孩子。

媽媽帶小孩妙招

隨著孩子的成長，孩子對事物也會有簡單的理解。當媽媽意識到孩子提出的要求不合理時，先不要著急對孩子發火，更不要急於去責備孩子，而是要跟孩子講道理。那麼，媽媽要如何有理有據地去拒絕孩子的要求呢？

1. 先讓孩子思考自己該不該提出這個要求

孩子提出要求之前，可能他也不知道自己為什麼要提出這麼過分的要求。這個時候媽媽可以讓孩子先思考，自己為什麼要提出這樣的要求，真的需要父母去滿足自己的這個要求嗎？當孩子想清楚之後，可能就不會再要求媽媽滿足自己了。

2. 媽媽要冷靜地陳述事實

在孩子不停地要求媽媽去滿足自己時，媽媽要保持冷靜，不要對孩子發火。這個時候，媽媽要冷靜地告訴孩子，自己之所以拒絕滿足他的要求的道理是什麼，讓孩子明白媽媽拒絕自己是有原因的，而不是因為媽媽不高興、心情不好才拒絕自己的。比如，孩子晚上九點還要去樓下玩，這個時候可以告訴孩子自己不帶他下去玩是因為已經很晚了，樓下沒有其他小朋友，而且已經到了睡覺的時間，如果不早點休息，明天可能會遲到，所以自己不能帶他下樓玩。

3. 拒絕孩子要真誠

所謂真誠，就是不能哄騙孩子。很多時候媽媽為了解決眼前的問題，會選擇用哄騙的方式來應對孩子。比如，媽媽會對孩子說「我們下次再買」、「媽媽今天沒帶錢，明天再買」。媽媽認為只要當下應付了孩子，孩子第二天就會忘記，所以這件事情也就不會再被孩子提起了。但媽媽哄騙孩子，會讓孩子對大人的信任慢慢消失，而且媽媽這樣做也是在給孩子做壞榜樣。媽媽可以拒絕孩子，但是絕對不能哄騙孩子。

媽媽帶小孩解讀

有理有據地拒絕孩子，一方面能夠讓孩子知道媽媽做事的底線，另一方面能告知孩子自己拒絕他們的要求是有道理可講的，不是用「大人」的身分去壓制他們，這能讓孩子感受到公平，他們會更加容易接受媽媽的拒絕。對孩子講道理，能讓孩子變得通情達理，如果媽媽不講道理，孩子自然也會變得無理取鬧。

一旦決定拒絕孩子，不可隨便反悔更改

很多媽媽會抱怨自己的孩子不聽話，仔細想想妳的孩子為什麼會變成現在這樣呢？相當程度上是受到了媽媽的影響。我

們就拿拒絕孩子要求這件事情來講，孩子要求買新玩具，媽媽信誓旦旦地說不能買，不僅如此，媽媽還對孩子講了一堆不能買玩具的理由，但是孩子仍然哭鬧，這個時候有的媽媽就會選擇妥協，答應孩子的要求。媽媽的妥協讓孩子覺得只要自己不停哭鬧，那麼媽媽早晚會答應自己的要求，這也是為什麼孩子會變得越來越不聽話的原因。

在媽媽決定拒絕孩子要求的時候，媽媽就應該明白自己可能會面臨什麼，可能是孩子的理解，也可能是孩子的哭鬧。當孩子真的因為妳的拒絕而哭鬧時，媽媽一定不要隨意妥協，否則孩子可能會因為妳的妥協而選擇繼續哭鬧，甚至在下次出現類似的事情時，孩子會提出更為過分的要求。

媽媽帶小孩案例

週末，我帶著女兒去商場閒逛，到了超市，只見在零食區前有一個六七歲樣子的男孩在地上打滾哭鬧，他的媽媽站在旁邊，幾次試圖要將男孩從地上拉起來，但是男孩死活不起來，嘴裡還不停地喊道：「妳不給我買洋芋片，我就不起來！」

「不是媽媽不買給你，你上火喉嚨痛，醫生不是說不讓你吃這些垃圾食品了嗎？」媽媽著急地對孩子喊道。

「那為什麼我上次生病，也是感冒，你就買給我了呢？」男孩在地上躺著哭喊道。

「上次不是因為你不肯回家，賴在超市不走嗎！」媽媽生氣地說著。

男孩聽了媽媽的話，哭得更厲害了。

「你走不走，你不走我自己回家了啊！」媽媽在原地對男孩喊叫。

只見男孩根本沒有理會媽媽，該哭還是哭，這位媽媽看孩子沒有做出任何反應，便假裝回家，向前走了幾步，但是還是忍不住走回來，然後蹲在地上，又開始勸說孩子回家。

「我就要一包洋芋片，不買我就不回家。」孩子似乎看出媽媽根本不會拋下自己回家的，便開始用語言威脅媽媽。

「醫生不讓你吃，不是媽媽不買給你。」媽媽還在重複著剛才的話。

「以前生病醫生說不能吃零食，妳不是照樣買給我了嗎？怎麼現在就不能買了？」兒子反駁道。

這位媽媽和孩子在零食區僵持了大概有二十多分鐘，媽媽實在沒辦法，只好答應孩子，買洋芋片給孩子。聽到媽媽答應了自己的要求，孩子沒有直接從地上起來，而是提出了更為過分的要求：「我還要吃巧克力！」

「巧克力不行，我都說買洋芋片了，不能吃巧克力。」媽媽又開始拒絕孩子的要求。

「零食包括巧克力，妳讓我吃洋芋片了，為什麼不讓我吃巧克力？」男孩又開始撕心裂肺地哭泣，繼續說道，「不買巧克力，我就不起來。」

「好好好，買。買洋芋片、巧克力給你，你別哭了行嗎？」媽媽著急地說道。這個時候，男孩才從地上起來，然後停止了哭鬧。只見男孩直接跑到貨架前，拿了巧克力和洋芋片，開心地和媽媽走向收銀臺。

這位媽媽遇到的情況恐怕很多媽媽都遇到過，當孩子提出要求之後，這位媽媽首先是選擇了拒絕孩子的要求，原因也很合理，但是面對孩子的哭鬧，這位媽媽卻又妥協了，而孩子看到媽媽妥協，接著又提出了更為過分的要求。面對孩子的要求，媽媽也只能是再一次妥協。可見，媽媽的拒絕，對孩子來講是沒有說服力的，原因很簡單，媽媽之前因為同樣的理由妥協過，那麼孩子自然不會遵守媽媽制定的規則。

媽媽帶小孩妙招

隨著孩子長大，他們也會明白什麼要求是媽媽可以同意的，而什麼要求觸碰到了媽媽的底線。當孩子試圖去觸碰媽媽的底線時，他們會先去想辦法試探媽媽。如果媽媽選擇妥協，那麼孩子會頻繁地打破媽媽的底線，從而將媽媽的拒絕看作是一種無力的奉勸。

那麼，媽媽在拒絕孩子的時候，面對孩子的一系列表現該如何處理呢？

1. 讓孩子學著站在媽媽的角度思考

媽媽拒絕孩子的理由往往是站在自己的角度來表達的，這個時候孩子才不會站在媽媽的角度去思考問題。比如，妳以「媽媽讓你上輔導班，也是為了你好」為理由，來拒絕孩子不去輔導班上課的要求，孩子可能會因為覺得媽媽不理解自己而哭鬧，這個時候媽媽不妨給孩子思考的時間，甚至可以帶孩子體驗生活，讓孩子明白不學習的後果是什麼。

2. 平靜地看著孩子哭鬧

孩子因為達不到某個目的而哭鬧時，媽媽既不要將孩子拋下轉身離開，也不要不停地跟孩子講大道理，這個時候孩子沉浸在自己的思想和哭泣中，根本聽不進去任何話，媽媽要做的就是保持冷靜的態度，平靜地看著孩子。當孩子哭鬧了一會之後，他發現媽媽並沒有因為自己的哭鬧而妥協，自然，孩子會慢慢停止自己的無效哭鬧。

3. 孩子發脾氣時，媽媽可以給他獨立的空間

有時候媽媽不滿足孩子的某些要求時，他們可能會發脾氣將自己關在房間裡。這個時候，媽媽不要對著孩子不停地嘮叨，而是要給孩子獨立思考的空間，等孩子情緒相對平靜之後，再跟孩子講道理。千萬不要看到孩子發脾氣或者生氣，媽媽就妥協，滿足孩子不合理的要求。

媽媽帶小孩解讀

媽媽選擇拒絕孩子的要求，就要堅持到底。在媽媽拒絕了孩子的要求後，孩子內心一定會出現落差，而伴隨孩子內心落差出現的狀態可能還有失落、沮喪、傷心、反抗等。在面對孩子的這些情緒時，媽媽要做的不是出於心疼而否定自己之前的拒絕，而是要堅持拒絕到底，讓孩子明白自己的底線在哪裡。這樣一來，以後孩子在提要求之前，便會提前思考自己提出的要求是否會觸碰到媽媽的底線，自己的要求是否合理。

善於對孩子的藉口說「NO」

美國著名教育學家布魯姆（Benjamin Bloom）說過：「藉口是不想擔負責任的託詞，是不信守承諾的反映，是畏懼困難、不求上進的表現，它直接阻礙著一個人將來的成功。」在生活中，媽媽會發現孩子在做錯事情之後，經常會找各種藉口，而他們找各種理由的目的就是為了逃避承擔責任，逃避困難。此時，媽媽首先要做的不是責備孩子，而是要分析孩子為什麼會產生這種逃避的心理。

在教育孩子的過程中，每個媽媽都經歷過孩子找各種藉口，拒絕做某件事情的情況，而面對孩子的各種理由，媽媽可能會不知所措，不知道哪個是真的，哪個是假的。然而，媽媽們要做的不僅僅是想辦法揭穿孩子的藉口，更重要的是能讓孩子意識到找藉口這件事本身就是錯誤的。

媽媽帶小孩案例

趙雅麗的女兒上小學三年級，從小女兒就善於言談，這本來是一件好事，但女兒在犯錯時或者是要做事情之前，總是會找一系列的藉口。剛開始趙雅麗認為這是孩子的天性，也就沒有在意。不過，在女兒上小學之後，她發現女兒做任何事情都喜歡找藉口。

恰逢週末，趙雅麗在廚房做飯，只聽到客廳傳來「啪」的一聲。趙雅麗趕快衝向客廳，只見她剛買給女兒的新水杯被摔得粉碎。原本這是一件看似很小的事情，趙雅麗也沒多想，她對女兒說：「剛才我是不是提醒妳了，別把水杯摔碎了，現在好了，新水杯沒了。」

女兒聽了趙雅麗的話，說道：「這也不能怪我啊，誰叫妳買玻璃水杯給我的？」趙雅麗沒有說話，緊接著開始吃飯，趙雅麗讓女兒將電視關掉，她不希望女兒養成邊吃飯邊看電視的壞習慣。女兒又說道：「電視買了就是要看的，妳不讓我看，那還不如把電視賣了呢。」

雖然這都是生活中的小事情，但是趙雅麗覺得女兒凡事愛找藉口，不是好的習慣。恰巧，這天期中考試成績出來了，女兒的考試成績不理想，趙雅麗還沒有問女兒為什麼這次考得這麼差，女兒便開始抱怨：「我都說了考試那天早上，別做那麼多好吃的給我吃，吃多了不利於專心考試。」

趙雅麗生氣地說：「考試成績不理想，妳的理由竟然是早上媽媽做的飯太好吃，妳吃多了？」趙雅麗清楚地意識到女兒並非是善於言談，而是善於找藉口，為一切事情找理由、找藉口。

「媽媽很嚴肅地告訴妳，妳考試沒考好就是沒考好，其他任何理由都不是理由。妳記住，不要把自己做不好的事情都歸結於別人身上，妳要多想想自己的缺點。」趙雅麗生氣地對女兒說道。

想必很多媽媽都和趙雅麗有一樣的經歷，在生活中，當妳的孩子總是找一些無關痛癢的藉口，試圖掩蓋自己犯的錯時，媽媽該如何做？是當面揭穿孩子的謊言，還是選擇相信孩子、順著孩子？正確地對待孩子的「假理由」，這關乎孩子人格的培養。

媽媽帶小孩妙招

在生活中，我們希望孩子感受到媽媽對他的愛，而愛孩子並不是放縱孩子逃避自己犯的錯或遇到的困難，更不是對孩子表述的荒謬理由表示支持，而是幫孩子改掉遇事胡亂找藉口的毛病，媽媽具體可以按照以下幾方面進行操作：

1. 分析解剖事實，讓孩子面對事物本質

很多孩子在遇到困難之後，他們不清楚困難的本質是什麼，只是單純為了逃避事情的發生而找一個個荒謬的藉口。因此，媽媽要幫助孩子分析事情的本質，當孩子了解了事物的本質，他們便不再懼怕困難，也不再胡亂找理由。比如，孩子擅長長跑，因為害怕比賽拿不到第一名，就選擇不去參加校園運動會，他的理由可能是擔心參加運動會影響到自己的學習。其實，媽媽可以幫孩子分析，讓孩子明白參加運動會的目的不是拿冠軍，而是讓他親身感受運動精神和合作精神。當孩子參加運動會的目的發生了轉變，他會願意接受現實，放下自己的抗拒，面對問題。

2. 媽媽要表明自己對孩子找藉口不滿

孩子可能會因為各種事情找藉口，做錯考題找藉口、睡不著覺找藉口、遲到找藉口、打架找藉口等。面對孩子的藉口，媽媽一定要明確自己的態度，只有這樣，孩子在下次找藉口的時候，才會思考自己的藉口是否能被媽媽接受或認可。

3. 對孩子的藉口要適度寬容

有些教育專家在網路上發表觀點說：「孩子做事情愛找藉口，媽媽要寬容地對待孩子。」我們不反對父母在孩子教育過程中要寬容地對待孩子，但是在寬容之前一定要加上「適度」二字。尤其是對待孩子亂編理由這件事情，媽媽要先去分析，如

果孩子的理由本身就是錯誤的或者虛假的，那麼媽媽就不能再「寬容以待」了，畢竟包容孩子的謊言，就是在變相毀掉孩子。

媽媽帶小孩解讀

孩子做事情找藉口，媽媽可以從深一層去分析，孩子為什麼要找藉口。

是因為孩子缺乏自信心，還是因為害怕自己能力不足而做錯事情？又或者是因為孩子膽怯，害怕做錯事情受到責罰？不管是哪種原因導致孩子亂找藉口，媽媽都要明確地告訴孩子編造藉口、逃避責任是錯誤的處理問題的方法。

方式方法很重要，拒絕切莫傷孩子的心

在生活中，很多媽媽看重自己的面子，在意自己的尊嚴，但是卻從來沒想過隨著孩子的成長，他們也會越來越在乎自己的尊嚴。正因為如此，媽媽應該注意與孩子的交流方式，尤其是在拒絕孩子提出的要求時，要避免因為使用不恰當的方法，讓孩子的自尊心受傷。

曾經有心理學家說過：「尊重孩子要從顧及孩子的自尊心開始。」孩子提出要求，媽媽拒絕，這是經常會發生的事情。然而媽媽拒絕孩子的不合理要求是需要講究方法的，眾所周知，用

暴躁的態度來拒絕孩子的要求是最不提倡的交流方法。媽媽可以選擇一種比較委婉的語言或方式，讓孩子意識到自己要求過分的同時，還能夠感受到來自媽媽的尊重和理解。只有這樣，孩子才能更願意接受妳的「拒絕」。

孩子的內心是比較脆弱的，因此，媽媽在拒絕孩子要求的時候，不妨思考一下自己的話語是否過於苛刻。無論我們用何種方法去拒絕孩子，目的都不是傷害孩子的內心，我們要讓孩子明白拒絕也是一種愛。

媽媽帶小孩案例

鄰居小周是一位10歲女孩的媽媽，她曾向我訴苦，事情是這樣的：

一次，她去接女兒放學，剛出校門女兒就對小周說：「媽媽，今天晚上妳帶我去吃漢堡和薯條吧。」

小周說道：「媽媽已經做好飯了，我們直接回家吃飯吧。」

女兒不想回家吃飯，於是堅持去速食店吃漢堡和薯條。小周覺得吃漢堡和薯條沒有營養，更何況女兒體重已經超標，她不希望女兒吃那麼多的垃圾食品，害怕影響到女兒的身體健康。於是，小周每天下班回到家就趕快做飯，希望女兒能夠在營養充分的前提下，適當減去一些體重，而女兒似乎並不理解媽媽的苦心。

女兒還在嘟囔：「別人家媽媽經常帶他們去吃漢堡，妳都一個月沒帶我去吃了。」

「是我不讓妳吃嗎？妳看看妳的體重，妳現在都已經50公斤了，都這麼胖了還要吃那些油炸食品！」小周再也控制不住自己的情緒了，生氣地嚷道。要知道在學校門口還有很多家長在接孩子，其中不乏女兒的同班同學，聽了媽媽說的這些話，女兒自然覺得有損顏面，她覺得十分尷尬。

回到家中，女兒將自己關在房間裡，晚飯也沒吃。一連三天，女兒沒有跟小周說一句話。

聽了小周和女兒的事情，我們可以看出小周之所以拒絕女兒吃薯條漢堡，也是出於對女兒健康的考慮，但是在拒絕女兒的過程中，小周沒有考慮到女兒的感受，她拒絕女兒的理由雖然很充分，但是表達的方式不對。最終，造成了母女二人關係僵化。

媽媽帶小孩妙招

每位媽媽都疼愛自己的孩子，希望將最好的都給孩子。隨著孩子的長大，孩子也會有自己的思想，對外界事物也有最起碼的理解。於是，他們會向媽媽提出各式各樣的要求，希望媽媽能夠滿足自己的要求或請求。然而，很多時候他們的要求是荒謬的、不合理的，在面對這些情況的時候，媽媽要做的是用合適的方法和語言來拒絕孩子。具體的拒絕方法可以歸結為以下幾點：

1. 注意力轉移法

當孩子提出不合理的要求時，媽媽可以透過孩子感興趣的事情暫時轉移孩子的注意力，從而既能拒絕滿足孩子的不合理要求，又能讓孩子接受媽媽拒絕的理由。當然分散孩子注意力的方法有很多，比如，讓孩子玩他喜歡的遊戲、帶孩子出去散步等。

2. 切勿威脅孩子

有些媽媽在跟孩子講道理時，孩子依舊哭鬧不聽，媽媽會生氣地對孩子說：「不許哭，再哭我就揍你！」媽媽希望透過這種威脅的語言震懾住孩子，讓孩子變得聽話，起碼達到讓孩子暫時聽話的目的。然而，這種方法不能從根本上讓孩子接受，也不能讓孩子意識到自己的要求有多麼的不合理。

3. 不當外人面指責孩子

很多媽媽不會注意到這點，她們總會當著外人的面指責或教訓孩子。殊不知這樣會讓孩子產生自卑心理，也會傷害到孩子的自尊心。因此，外人在場的情況下，媽媽可以推遲對孩子的拒絕，暫且將孩子的要求擱置，等到客人走後或者回到家裡，再對孩子的要求進行剖析，讓孩子明白媽媽已經給足了他們「面子」，給孩子最起碼的尊重。

媽媽帶小孩解讀

拒絕別人是一門藝術，善意的拒絕要讓孩子感受到媽媽充滿尊重的愛。

在拒絕孩子要求或行為的時候，媽媽看到的不應僅僅是孩子這一次的表現，更要看到孩子的內心和需求，甚至要聯想到孩子的日常習慣。同樣，拒絕孩子的時候，媽媽要做到「對事不對人」，千萬不要因為一次的拒絕而傷害了孩子的自尊心、自信心。

第六章
引導孩子主動探索與學習

在學習方面，恐怕沒有一個媽媽不期望孩子能主動學習、積極探索。要想讓孩子具有學習的主動性，就需要媽媽想辦法激發孩子內心對學習的嚮往和興趣，激發孩子對知識的探索欲望。當一個孩子具備了學習的內在驅動力，那麼他便能夠自主學習，根本不用媽媽操心。

赫洛克效應：解決孩子不愛寫作業問題

著名心理學家赫洛克（Elizabeth Hunlock）做過這樣一個實驗：他找來一些人，將這些人分為四組，讓這四組人分別做不同的任務，發現對待這四組人的態度不同，其表現的結果也不同。第一組人在完成任務之後，無論其結果怎樣，都對他們進行表揚；第二組人在完成任務之後，對他們進行嚴肅的教訓和指責；第三組人是被完全忽視的一組，不管結果如何，不對他們做出任何的評價；第四組人則是被隔離在單獨的區域，在做完任務之後也是不給予任何評論。最後觀察這四組人的表現，其中，表現最好的是第一組人，表現最差的則是第四組人。不僅如此，受表揚的第一組人的表現會隨著時間的推移而越來越好，這就是赫洛克效應的實驗結果。

赫洛克效應應用到對孩子的教育上，就是要求媽媽對孩子的學習效果給予一定的評價，對孩子的表揚、鼓勵和信任，能夠激發孩子的上進心，讓孩子發自肺腑地願意努力學習。

媽媽發現自己的孩子不願意寫作業，或者出現厭學情緒的時候，可以改變自己以往的教育方法，以鼓勵和讚揚的方式重新喚醒孩子對學習的嚮往，讓孩子有動力去完成自己的作業和學業。因此，媽媽在對待孩子學習這個問題上，要有發現孩子的優勢和優點的眼睛，而不是一味地去指責孩子的缺點和不足。在解決孩子不愛寫作業的問題上，來自家長的逼迫並不能有很好的效果，只有激發孩子學習的內在驅動力，才能讓孩子愛上學習。

媽媽帶小孩案例

周倩倩的女兒上一年級之後，開始不主動完成作業了。每次放學回來女兒都不願意去完成自己的作業。無論周倩倩怎麼催促她、責罵她，她寫作業仍然會拖拖拉拉，為此，周倩倩感到十分苦惱。

恰巧，周倩倩向我訴說自己的苦惱，我便講了一個故事：在非洲有一個原始部落，在部族裡有一條規定，凡是做出不軌行為、有失檢點行為的人，都會被族長罰站，站在部族村落的中央廣場，全部族人都會來圍觀，而這種懲罰被當作儀式來執行。儀式開始後，部族族長會講述這個人犯了什麼錯，然後讓每個族人用真誠的話語來說出犯錯者身上的優點，不僅如此，部族所有人還會舉行一次盛大的慶典，在慶典上男女老少載歌載舞，用這種隆重而熱鬧的方式來慶祝犯錯者能夠洗心革面、脫胎換骨。而犯錯者往往會按照部族人的讚美之詞來改正自己、修正自己的行為。

聽了我的這個故事，周倩倩下班回到家，她決定用原始部落對待犯錯人的方式來教育女兒。她一改往常，用鼓勵的話語讓女兒去完成作業，並在女兒寫完作業之後，表揚女兒作業寫得工整、寫作業主動等。就這樣，周倩倩發現女兒逐漸養成了先學習後玩遊戲的習慣。

在教育孩子的過程中，媽媽要善於發現孩子身上的優點，並給予孩子適當的讚美。很多媽媽擔心讚美孩子會讓孩子變得驕傲，其實不然，當媽媽真誠地去讚美孩子時，孩子的內心是充滿力量的，他們願意為了得到媽媽的認可而付出努力。

媽媽帶小孩妙招

有哲學家說過：「人類性情中最強烈的渴望就是受到他人認同。」孩子也是如此，他們期望來自媽媽的肯定。因此，在生活中媽媽不妨用讚美、鼓勵的話語代替教訓、指責，讓孩子感受到來自媽媽更多的愛。

那麼，媽媽要如何透過表揚、鼓勵來讓孩子愛上學習呢？

1. 要表揚過程，而不是一味地表揚結果

在面對孩子學習這件事情上，要透過表揚的方式讓孩子明白，妳很關注他學習的態度和過程，而不是讓孩子錯誤地認為媽媽只關注和在乎成績。比如，妳可以表揚孩子「答題邏輯是很正確的」、「學習方法很有效率」等。透過表揚孩子學習的過程，能夠讓孩子感受到來自媽媽的關注和關心。如果媽媽只關注孩子的學習結果，那麼當孩子學習結果不夠理想時，他甚至會懷疑媽媽是否真的愛他。

在一次親子活動中，記者採訪參加親子活動的孩子，一名孩子說道：「我覺得我媽媽不愛我，她愛的只是我的成績。如果

我考了高分，她就會對我笑，還會做好吃的給我吃；如果我考得不好，她一定會凶我，甚至還罰我不能吃飯。」

2. 在學習方面，表揚不能吝嗇

當孩子學習有了進步之後，他們很希望得到媽媽的表揚，而有些媽媽會擔心表揚會讓孩子產生驕傲自大的心理，於是刻意去「避免」表揚。其實，對孩子及時的表揚，不但能讓孩子內心感到興奮，更能激發孩子的上進心，養成主動學習的好習慣。所以在學習方面，媽媽要及時表揚孩子，不要吝嗇自己的讚美之詞。

3. 表揚、鼓勵孩子要具體

孩子的考試成績出來之後，媽媽興奮地對孩子說「你真棒」，其實這種表揚方式就不夠具體。因為表揚得不夠具體，孩子不清楚自己到底哪裡棒，也不清楚是因為自己考了高分，媽媽才表揚自己，還是因為自己努力學習，媽媽表揚自己。因此，在表揚孩子的時候，一定要具體到某個點上，比如，孩子考試成績有所進步，可以表揚孩子「這段時間認真學習，所以考試成績進步不少，媽媽很開心你能透過自己的努力獲得這樣的好結果」。媽媽的表揚如果能夠具體，那麼孩子不僅能感受到來自媽媽的愛，更願意接受媽媽的教育理念和方法。

媽媽帶小孩解讀

赫洛克效應應用於親子教育方面，最主要的意義是透過父母對孩子的肯定，提升孩子的自主學習力，讓孩子主動去付出努力。媽媽在教育孩子的過程中，可以運用赫洛克效應來培養孩子的自信心和上進心。

羅森塔爾效應：如何讓孩子自強

羅森塔爾效應又被稱作比馬龍效應，是由美國著名心理學家羅森塔爾（Robert Rosenthal）和雅各布森（Lenore Jacobson）提出來的，其主要說的是人類透過某種情感產生的知覺而形成的期望，能夠讓情感適應這種期望的一種效應。在情感適應期望的過程中，期望者會產生一種比較強烈的心理暗示，透過心理暗示，能讓被期望者的行為達到其預期的效果。

媽媽可以運用羅森塔爾效應來教育孩子，讓孩子相信心中希望成為哪種人，自己就可以成為那樣的人。媽媽要讓孩子相信自己有能力得到自己想要的，即培養孩子的自信心。

每位媽媽都期望自己的孩子是優秀的，對孩子充滿了期望和期待，媽媽的這些期待可能會用語言來表達，也可能透過行為去進行表達。歸根結柢，媽媽對孩子的期待是一種心理暗示。當孩子感應到來自媽媽的心理暗示時，他們更願意去朝著媽媽的期望努力，從而孩子會變得更加自立自強。

媽媽在教育孩子的過程中，要透過自己的語言和行動讓孩子感知到我們的期待，不僅如此，更要滿懷期望地去激勵孩子，讓孩子學會自立自強。羅森塔爾效應要求媽媽多給孩子一些正面的心理暗示，讓孩子勇敢地去面對困境，從而實現孩子自己心目中的目標。

媽媽帶小孩案例

鄭曉曉的兒子很調皮，不是和樓下的小朋友打架，就是欺負班裡的女同學。鄭曉曉知道兒子犯錯後，每次都是對兒子一頓打罵。在生活中，兒子無論做什麼事情，她都覺得他是在故意搗亂。一次，她下班回來得比較晚，兒子一直擔心她的安全，便沒有睡覺，一直等到晚上 11 點她回到家，鄭曉曉不但不覺得感動，反而對兒子喊道：「這麼晚不睡覺，明天你不用上學嗎？」兒子很失望，從那之後他很少找鄭曉曉交流，每次放學回家，總是一頭回到自己的房間。

學校舉辦一場親子活動，鄭曉曉也去參加了，兒子被選為這場親子活動的主持人。在舞臺上，兒子表現得信心十足，並且老師誇讚說兒子很有主持表演天賦。鄭曉曉沒想到，自己心目中調皮搗蛋的兒子，竟然也有這麼優秀的一面。

回到家，鄭曉曉開始反思自己，她開始試著發現兒子的優點，當她發現兒子能夠認真地將衣服洗乾淨時，她誇讚兒子長大了，能夠照顧自己了；當兒子將路上的垃圾撿起來放進垃圾桶時，她誇讚兒子懂得保護環境。逐漸地，鄭曉曉發現兒子在家裡的話也多了起來。不僅如此，在期末考試前的半個月，兒子很擔心自己考不好，鄭曉曉對兒子說：「媽媽相信你，你最近學習很認真，媽媽認為只要你盡力去學了，結果並不那麼重要。」聽了鄭曉曉的話，兒子學習更加努力，最終兒子期末考試竟然考了班上第一名。

媽媽教育孩子的時候，應該看到孩子身上的優點，每個孩子身上都有優點，只是看媽媽是否長了一雙發現孩子優點的眼睛。媽媽要給予孩子鼓勵，幫孩子建立正面的心理暗示，只有這樣，當孩子遇到困難時，他才能勇敢地面對眼前的挫折，做自己想要做的事情。媽媽在幫助孩子建立自信的過程中，應巧妙運用心理暗示，讓孩子認識自己的優點，這對孩子來講也是一個自我理解的過程。

媽媽帶小孩妙招

在生活中，每個人都希望與其他人建立相互信任和關愛的情感關係，尤其是在教育子女方面，媽媽更希望透過自己對孩子的教育，讓孩子感受到來自家庭對他的支持。在教養的過程中，媽媽要善於透過心理暗示來引導孩子，從而讓孩子懂得如何自己處理問題。

那麼，在生活中，媽媽要如何利用羅森塔爾效應來教育孩子，讓孩子變得自強呢？

1. 肯定孩子的成績，給孩子足夠的信心

心理學家研究發現，當兩個人面對同一個挑戰，信心充足的人更加容易取得成功。媽媽教育孩子的過程中，盡量不要對孩子說「這麼簡單的問題，你竟然都做不好」、「你真笨」等，這類具有強烈打擊性的語言，這些話往往會讓孩子感覺自己一無是處，更不利於孩子自信心的形成。當孩子缺乏自信的時候，他們是不會自主、自強地去面對困難的。

2. 營造氛圍，盡可能地為孩子創造獲得成功的條件，從而激發孩子的成就感

心理學家曾經做過一個實驗，他們讓一群年齡相仿的孩子做紙飛機，然後從同樣高度的樓上拋下去，誰的飛機飛得遠，誰就算成功。前一天，心理學家對其中一個孩子給予了鼓勵，並告知他的父母，讓父母多給予孩子鼓勵和讚美。在第二天的飛機比賽中，這個被鼓勵的孩子做的紙飛機飛得最遠。

透過這個實驗，心理學家發現決定一個人成功的因素不僅僅是智商和遺傳因素，氛圍和鼓勵也是十分重要的。因此，媽媽在教育孩子的時候，一定要創造良好的學習氛圍，讓孩子獲得更多通往成功的途徑，從而激發孩子的成就感，讓孩子更加自信自強。

3. 避免錯誤歸因

很多媽媽總是指責孩子的缺點，久而久之，會讓孩子產生錯誤的歸因。我們以學習為例，孩子會認為自己之所以學習不好，是因為自己不夠聰明，自己不聰明自然記不住知識，最終導致自己的學習成績差。這種錯誤歸因多半是因為媽媽在教育孩子的過程中，沒有給予孩子正確的原因分析，更沒有去鼓勵和賦予孩子正能量的心理暗示，這才讓孩子變得懦弱、自卑。

媽媽帶小孩解讀

羅森塔爾效應在教養過程中的應用多傾向於媽媽對孩子心理的激勵，同時，媽媽在教養孩子的過程中，要學會幫孩子建立正面的心理暗示，尤其是在孩子面對挫折的時候，孩子要有勇氣自我激勵，同時要有信心去戰勝困難。當孩子學會自我鼓勵、自我激勵之後，才能真正變得自信、自強。

習得性無助：了解孩子「懼難」的原因

美國心理專家塞利格曼（Martin Seligman）曾經用動物做過一個實驗，他將狗關在籠子裡，並放置一個蜂鳴器，只要蜂鳴器一響，便電擊籠子裡的那條狗，狗關在鐵籠子裡根本逃避不了電擊，牠痛苦得只能撞擊籠子，並發出淒厲的叫聲。經過多次實驗之後，塞利格曼將籠子打開，再打開蜂鳴器，蜂鳴器一響，狗不但沒有從籠子裡跑出來，反而直接臥倒在地，開始哀鳴，似乎在等待電擊的來臨，這就是「習得性無助」理論的由來。

透過上述這則實驗，可以發現因為狗經歷了重複的電擊，牠變得任人擺布，不懂得反抗。運用到人身上，如果一個人頻繁地在某個事情上出現失誤或失敗，等到他再次遇到同類事情時，他便會放棄努力，任由事情向壞的方向發展，甚至懷疑自己的能力，自卑地認為自己「做什麼都不行」。

對於媽媽來講，在教育孩子的時候，如果發現孩子出現絕望、無助的時候，不妨分析孩子產生絕望和無助的原因是什麼。只有幫助孩子找到原因，才能幫助孩子擺脫「習得性無助」，從而面對困境。

媽媽帶小孩案例

趙萌萌的女兒已經上五年級了，女兒的學習成績不是太好。因為學習的事情，趙萌萌經常會吼女兒，但是女兒畫畫很好，對於這點趙萌萌還是感到比較驕傲的。趙萌萌在家裡脾氣比較火爆，不僅如此，她喜歡替女兒做決定，如果女兒做了與自己觀點不符的決定，趙萌萌就會很生氣，最終逼迫女兒按照自己的選擇去做事情。

這天，趙萌萌所在的市區要舉辦一次繪畫比賽，趙萌萌想讓女兒也參加，但是女兒上了五年級，眼看就要升六年級了，她又害怕因為繪畫比賽耽誤女兒的學習。這次，趙萌萌也不知道如何做選擇了，她便問女兒要不要參加繪畫比賽。

女兒內心其實是希望參加這次繪畫比賽的，但是她卻不敢告訴媽媽，她怕說出來之後，媽媽會責怪自己。於是，她對媽媽說：「您讓我去參加比賽我就去，您不讓我參加比賽我就不去。」

趙萌萌聽了女兒的話很生氣，指責女兒道：「妳自己的事情為什麼自己不做選擇，妳到底想不想參加比賽？」

女兒委屈地說道：「我想不想去重要嗎？以前所有的事情不都是您幫我決定的，我說想參加比賽，您一定會罵我時間不花在學習上。」

聽了女兒的話，趙萌萌似乎明白了什麼，她心想是不是平時自己責備孩子太多了，導致孩子不敢做選擇。於是，她穩定了一下自己的情緒，然後對女兒說道：「媽媽知道妳喜歡畫畫，如果妳想參加比賽，媽媽就替妳報名。如果妳不想參加，媽媽也不逼迫妳。相信媽媽，這次媽媽一定不責備妳。」

女兒聽了趙萌萌的話似乎有些驚訝，然後小聲地說道：「我想參加，但是我怕自己畫得不好，拿不到名次。」

趙萌萌接著說道：「妳就當這次繪畫比賽是一次鍛鍊的機會，不管妳畫得怎麼樣，媽媽都不會再責備妳了。」

「那我想試一試。」女兒邊說邊用堅定的眼神看著趙萌萌。

聽了女兒的話，趙萌萌決定幫女兒報名，讓她參加比賽。不僅如此，從這次之後，趙萌萌學會了控制自己的情緒，不再無緣無故地責備女兒了，她變得十分有耐心。慢慢地趙萌萌發現女兒變得有主見了，在學習上也更加努力了。

媽媽帶小孩妙招

媽媽總是希望自己的孩子能夠勇於面對困難，而孩子可能因為某些原因變得唯唯諾諾、沒有主見。當媽媽發現自己的孩子不敢面對困境、做事情唯唯諾諾、不敢勇往直前時，不妨分析一下孩子害怕困難是因為什麼，找到原因才能幫孩子重拾信心和勇氣。

1. 不良狀態的長期沉澱

「習得性無助」往往會讓孩子產生絕望、無助之感，而這些負面心理的產生，多半是因為孩子長期處在一個不健康的狀態中。就以孩子的學習為例，如果孩子在小學時成績比較好，但進入國一，成績開始下降。孩子本身學習很刻苦，經過一年的努力，他發現自己在班級的名次沒有提升，仍然在中間徘徊，進入國二，孩子還很努力，但是一年下來，名次上仍然沒有大幅度上升。一直到段考的時候，因為失誤等原因，孩子的段考成績十分不理想，經過接二連三的打擊，再加上媽媽對孩子不夠關注，在孩子考試成績差的時候，媽媽只知道教訓孩子不認真學習，從來不鼓勵孩子，也不安慰孩子。最終，孩子就出現了「自暴自棄」的情況，媽媽要求孩子在高中階段提升學習成績，孩子可能會有「我就算努力，成績也提高不上去」的自暴自棄的心理。應對孩子因為長期沉溺在不良狀態中而產生的「畏難」心理，媽媽要儘早發現，多給孩子做心理引導，幫助孩子重拾信心。

2. 媽媽不恰當的評論，導致孩子「畏難」

在孩子興致勃勃地去做某件事情的時候，媽媽可能會覺得孩子的行為太過「幼稚」或認為孩子是在「無理取鬧」，因而去教訓孩子。久而久之，孩子會失去探索新鮮事物的能力，甚至會對新鮮事物或新環境產生恐懼心理。

媽媽不恰當的評價導致孩子不敢面對挫折，面對這種原因，媽媽首先需要改變自己評價孩子做事情的方式，減少使用負面詞彙，多用一些正面的、認可性的詞彙。

3. 誇大對困難的理解

有些媽媽為了讓孩子意識到犯錯的危害性，會誇大犯錯的後果。這樣，孩子在面對困難時，內心會產生錯誤的認知，甚至會對結果產生懼怕心理。久而久之，孩子在遇到困難時，他們的內心總是在思考失敗的後果，根本不敢去嘗試解決困難。面對孩子因為認知錯誤而產生「畏難」的情況，媽媽要做的就是為孩子展示真實的事態，避免孩子產生恐慌的心理。

媽媽帶小孩解讀

孩子習得性無助主要表現在消極地對待生活中發生的事情，尤其是在困難面前，他們根本沒有意志力去戰勝挫折。不僅如此，孩子還會十分依賴他人的建議與決策。如果媽媽發現孩子有類似的情況發生，不妨先分析孩子出現這種情況的具體原因，然後幫助孩子做出改變。讓孩子理解自己的能力，幫助孩子重拾信心。

挫折教育，幫孩子擺脫「遊戲癮」

想必很多媽媽最不喜歡的事情就是孩子玩電子遊戲，最讓媽媽擔心的是孩子玩遊戲上癮。在生活中，我們發現有些孩子在玩遊戲的時候十分專注，能夠全身心地投入到遊戲中，但是孩子這種專注的狀態卻無法持續到學習中。如何幫孩子戒掉「遊戲癮」，這是困擾許多媽媽的難題。

對於很多媽媽來講，他們捨不得孩子去做任何事情，因此，孩子的承受能力變得很差，內心變得十分脆弱。因此，媽媽幫助孩子擺脫遊戲癮最直接的辦法就是對孩子進行挫折教育。

什麼是挫折教育？從字面意思來分析，很多媽媽認為挫折教育就是讓孩子多經歷一些苦難，從而提升孩子的抗挫折能力，或者是要隨時敲打孩子，不要讓孩子變得過分自信或盲目自大。然而，真正的挫折教育不是單純地讓孩子感受失敗或承受失敗，而是激發孩子與挫折、困境進行鬥爭的精神，激發孩子內在的潛能，促使孩子掌握知識和抵抗挫折的一種能力。

媽媽帶小孩案例

兒子晨晨已經10歲，每次放學第一件事情就是玩遊戲，雖然作為媽媽的張璐知道玩遊戲對孩子不好，但是兒子已經養成了習慣，如果打擾或者阻撓他玩遊戲，晨晨就會大發脾氣。不僅如此，晨晨愛玩的遊戲是大型的網路遊戲，他將自己的零用錢都用來購買遊戲裡的道具。

張璐也知道兒子這麼沉迷網路遊戲對學習很不利，但是她也不敢去管教晨晨，害怕晨晨做出過激的行為。無奈之下，張璐只能將晨晨的情況告訴一位兒童心理諮商師，希望這位兒童心理諮商師幫兒子戒掉「遊戲癮」。

兒童心理諮商師告訴張璐，首先要讓晨晨知道錢來之不易，然後透過挫折教育讓晨晨知道把父母的錢花在遊戲上是不對的，這樣才能改掉晨晨的壞習慣。

週末，張璐帶兒子去了自己的公司，她告訴兒子自己每天都要寫很多報告，才能拿到一天1,000元的薪水，而兒子買遊戲裝備動不動就要幾百元，這需要張璐辛辛苦苦工作才能夠賺那麼多錢。

晨晨看到媽媽的工作如此辛苦，內心有些觸動。緊接著，張璐對兒子說：「如果你想要玩遊戲買裝備，媽媽也不管你，但是錢需要你自己去賺，比如你可以撿寶特瓶來賣，賣的錢你想買什麼就買什麼。」兒子聽了媽媽的話，決定去撿寶特瓶，張璐陪兒子撿了一天的寶特瓶，最後只賣了四塊錢。晨晨又累又餓，他看著手裡的四塊錢，意識到賺錢原來如此辛苦。

從那之後，晨晨不再跟媽媽要錢去買遊戲裝備，逐漸地連遊戲也很少玩了。

在生活中，很多媽媽因為孩子愛玩遊戲而煩惱，她們不知道如何去勸說孩子，讓孩子放棄玩遊戲，也不知道怎樣做能讓孩子變得聽話。其實，當孩子在經歷過挫折和苦痛之後，他們才會意識到自己的生活是多麼的安逸和舒服。帶孩子走出舒適區，讓孩子感知生活的不易，孩子才會明白自己身上的責任是什麼，他們才願意主動放棄毫無「營養」的遊戲。

媽媽帶小孩妙招

媽媽要讓孩子經受挫折，就要做好挫折教育的充足準備，在為孩子設定「挫折」之前要認真思考，究竟想要讓孩子透過挫折獲得什麼、學到什麼。媽媽不妨從以下幾方面來對孩子進行挫折教育。

1. 媽媽要向孩子灌輸挫折教育的思想

在生活中，媽媽可以告訴孩子遇到挫折是常有的事情，從而讓孩子做好充足的心理準備，孩子不至於在遭受挫折時變得束手無策。提前向孩子灌輸挫折存在的思想，能夠提升孩子的心理預期，當孩子真正遇到挫折時，才能夠表現得鎮定自若。

2. 媽媽適當地為孩子製造挫折

在生活中，很多媽媽總是想盡辦法為孩子減少挫折，希望孩子的人生經歷都是一帆風順的。而過於平順的生活不利於孩子建立競爭意識和危險意識。所以，孩子該經歷的挫折必須去經歷，在必要的時候，媽媽可以適當地為孩子製造挫折，鍛鍊孩子的承受力和忍耐力。需要注意的是，給孩子製造挫折的目的是讓孩子建立「挫折意識」，而不是為了為難孩子。

3. 媽媽要讓孩子正確地看待挫折

在孩子眼裡，挫折就是困難，是很難完成的事情。很多孩子從心底裡並沒有意識到自己需要面對挫折，甚至認為挫折就是不好的事情。媽媽要讓孩子意識到挫折存在兩面性，一方面它會阻礙孩子成功；另一方面它能鍛鍊孩子的意志力和耐力，從長遠來看，經歷挫折未必是一件壞事。因此，當孩子正確意識到挫折的兩面性時，他們會放平心態，能夠以豁達的態度對待遇到的困難。

媽媽帶小孩解讀

在生活中，我們經常會聽到「性格決定命運」這句話，對於孩子來講，性格的確是決定孩子成敗的關鍵因素，而孩子的性格受到家庭的後天影響。

媽媽對孩子進行挫折教育，讓孩子理解挫折的意義，這樣才能夠幫助孩子建構良好性格。

自主選擇，讓孩子將興趣堅持到登峰造極

一位媽媽說：「我從小就喜歡舞蹈，但是當時家庭條件不好，沒錢學舞蹈，現在經濟條件好了，我必須讓我的女兒去學舞蹈。」在生活中，這樣的媽媽是不是很常見？因為自己夢想的缺失，便想要讓孩子幫自己彌補兒時的遺憾，這或許是很多媽媽幫孩子選擇興趣班的理由。還有一種媽媽則是單純地站在自己的角度，自己認為學某項興趣對孩子成長有幫助，便會要求孩子去學那項技能，根本不關心孩子是否喜歡。如果妳也是這樣想的，那麼妳不妨問問自己，孩子真正感興趣的是什麼？有些媽媽經常會說：「我認為我的孩子喜歡舞蹈、畫畫。」而這些只不過是媽媽「認為」的，孩子到底喜不喜歡舞蹈和畫畫，恐怕只有孩子自己知道。

孩子隨著成長，對外界事物已經有了初步的理解，同時，隨著社會的發展，孩子的個性也越來越鮮明，他們很清楚自己喜歡什麼、想要學什麼、不想學什麼。因此，在孩子做自己感興趣的事情這方面，媽媽應該遵從孩子的意願，讓孩子自主選擇。

媽媽習慣以孩子年齡小為藉口，認為孩子根本不知道選擇的是對是錯，也不知道自己究竟喜歡什麼，更不知道做怎樣的選擇是對的。其實孩子在六歲以後，便能夠表達自己的願望和興趣，媽媽要做的不是替孩子做選擇，而是給孩子自己選擇興趣愛好的權利，讓孩子為自己的選擇負責到底。

媽媽帶小孩案例

也許是住在同一個社區的原因，朋友的女兒琪琪經常會來我家玩，因為我的孩子在學游泳，所以經常會跟琪琪講述關於游泳的一些事情。琪琪表現出強烈的好奇心。我問琪琪平時喜歡做什麼，她說：「我媽幫我報名了舞蹈班、音樂班，但是我一點也不喜歡。」

「那妳對什麼感興趣呢？」我好奇地問道。

「我喜歡游泳，我還想學打桌球。」琪琪繼續說道，「但是媽媽不讓我學這些。」

我很好奇為什麼朋友不讓自己的女兒學她感興趣的，琪琪說她的媽媽認為這些沒有用。

這天我恰巧碰到琪琪的媽媽，我問她：「聽琪琪說她喜歡桌球和游泳，妳幫她報興趣班了嗎？」

「一個女孩子學什麼桌球啊？我幫她報了舞蹈班。」她笑著說道。「那孩子願意學嗎？」我問道。

「每次去學舞蹈都是逼著去的。」朋友抱怨道。

「孩子有自己的興趣愛好，她不喜歡學舞蹈，為什麼逼她學呢？」我追問道。

「孩子還小，她哪會知道喜歡什麼不喜歡什麼，一開始不願意學，以後慢慢地就願意了。」她解釋道。

「我覺得妳應該聽聽孩子的觀點，其實讓孩子學習自己感興趣的事情，反而能讓孩子更容易實現成功。」我勸說道。

幾週之後，她帶琪琪來我家玩，琪琪高興地對我說道：「阿姨，我現在也開始學游泳了，我學得很快，現在已經學會了。」

對於孩子來講，他們只有在做自己感興趣的事情時，才願意主動地付出努力，也才能從興趣中體會到快樂。因此，媽媽要給孩子一定的選擇權，讓孩子有機會去選擇自己的興趣愛好，並且透過興趣讓孩子獲得更多的成就感。

媽媽帶小孩妙招

讓孩子自主選擇興趣愛好，孩子會感受到來自媽媽的尊重。可是很多媽媽會擔心，如果孩子一時興起，選擇興趣愛好之後無法堅持學下去，該怎麼辦？其實，要想讓孩子將興趣愛好轉化為特長，這個過程是離不開媽媽的鼓勵和正確引導的。

在生活中，媽媽要如何給孩子自主選擇興趣的權利，並讓孩子將興趣愛好堅持到底呢？

1. 將突發興趣轉變為長久興趣

媽媽會發現隨著孩子的成長，他們的興趣是會發生改變的。今天孩子說想要學繪畫，明天孩子可能又對鋼琴感興趣。孩子會因為好奇對某些事情感興趣，正是因為孩子具有強烈的好奇心，媽媽才更要學會幫助孩子將突發的興趣轉變為長久興趣，而轉變的過程便是和孩子一起探索興趣包含的趣味性的過程。比如，孩子對繪畫感興趣，在孩子學習了一段時間之後，孩子對繪畫有了初步的了解，孩子可能會對畫畫失去好奇心，這個時候孩子很可能想要放棄，此時媽媽不妨利用節假日帶孩子去看看畫展，讓孩子真切地感受來自美的享受和衝擊，從而讓孩子建立長期的目標，用目標來驅動孩子的興趣之火永不熄滅。

2. 提前制定規矩

在孩子意願強烈地對我們說「媽媽，我要學跆拳道」時，妳要很認真地問孩子：「我讓你學可以，但是你能堅持學下去嗎？」如果孩子答應了，那麼就需要媽媽跟孩子提前制定一些規矩，孩子在學習的過程中，一旦想要放棄，那麼我們完全可以用早早制定好的規矩去約束孩子，讓孩子堅持繼續學下去。

3. 提前劇透孩子感興趣的內容

很多孩子會對某項事物產生興趣，比如，當孩子表示對某項運動感興趣時，媽媽可以很認真地為孩子講解這項運動，並提前告知孩子在學習這項運動中，可能會遇到哪些困難。如果孩子堅持學習，那麼在孩子遇到這些困難時，他們心裡因為有了預期，放棄的機率便會降低。媽媽提前劇透興趣項的相關內容，是讓孩子將興趣堅持下去的一種有效手段。

媽媽帶小孩解讀

愛因斯坦說過一句名言：興趣是最好的老師。現如今很多媽媽對孩子的「全人」教育越來越看重，尤其注重培養孩子的興趣愛好，她們不僅希望讓孩子擁有一技之長，更重要的是讓孩子在未來的生活中，可以享受興趣愛好帶來的歡樂。因此，媽媽要尊重孩子的選擇，不要將自己的意願強加給孩子。

理性應對孩子的厭學情緒

妳的孩子是否存在厭學情緒？要想知道答案，那麼媽媽不妨對照下面的這些表現，了解一下自己的孩子是否存在厭學情緒：

1. 被動學習，不催促不主動去學習；

2. 孩子只要開始學習就沒有精神，唉聲嘆氣，兩眼無光；

3. 孩子經常抱怨「學習很無聊，沒意思」；

4. 孩子在課堂上不認真聽講，甚至有逃課的現象；

5. 孩子經常抄別人的作業；

6. 孩子上學期盼放學，放學之後只想玩耍、玩遊戲、逛街、看電視；

7. 孩子一看書就發呆，寫作業總是拖拖拉拉；

8. 考好考壞孩子都不在乎，也不去努力。

如果妳的孩子有以上八種表現，那麼可以確定妳的孩子已經出現了厭學情緒。作為媽媽，我們很清楚一旦孩子出現厭學情緒，就意味著孩子對學習失去了興趣，甚至是從內心牴觸學習，這是孩子學習過程中最大的忌諱。

面對孩子厭學，很多媽媽束手無策，甚至有些媽媽會採取暴力措施，逼迫孩子去上學或繼續學習，而有些媽媽則聽之任之，任由孩子「自由生長」。要知道媽媽的這些舉動和態度對孩子改變厭學情緒是沒有幫助的。

媽媽帶小孩案例

唐麗雅的兒子已經上小學四年級了，但是她發現兒子對學習越來越不上心。老師在課堂上講過的重點，兒子沒有徹底理解，不僅如此，孩子放學回家第一件事就是打開電視看卡通。唐麗雅問兒子在學校都學了什麼，兒子則不耐煩地回答：「每天上課老師講的都是課本上的知識，妳不知道嗎？」

唐麗雅希望兒子先寫作業再看電視，兒子則很生氣地將自己反鎖在屋裡，任憑唐麗雅如何敲門，兒子都不肯出來。面對孩子抵抗學習的情緒，唐麗雅生氣地吼罵了兒子一頓。面對唐麗雅的吼罵，兒子只是哭泣。之後，唐麗雅發現自己的吼罵對孩子根本發揮不了作用，相反，兒子的厭學情緒越來越嚴重。

就這樣過了一年，兒子上了五年級，唐麗雅發現兒子的成績越來越差，這讓她感到很苦惱。唐麗雅決定和兒子好好溝通一次，這天兒子放學回家，她沒有逼迫兒子去寫作業，而是坐在兒子對面問：「寶貝，你上五年級了，眼看小學就畢業了。你對你以後的生活有沒有什麼規劃呢？」

兒子不耐煩地說道：「我能有什麼規劃呢？上完小學上國中。」

唐麗雅繼續問道：「你想上國中嗎？」

「我不想上學。」兒子直接回答。

「為什麼？是因為上學太累了嗎？」唐麗雅問道。

「那倒不是重點。」兒子停頓了一下繼續說，「關鍵是我的學習成績差，您老是罵我。」

唐麗雅似乎意識到什麼，繼續說道：「如果你不想上學，媽媽也允許你不上學，那你打算做什麼？」

「我也不知道。」兒子想了一會回答道。

「因為你學習態度不積極，媽媽經常對你發火，這是媽媽不夠理智，以後媽媽會控制自己的情緒。」唐麗雅說道，「但是兒子，你現在還未成年，除了學習還能做什麼呢？出去找工作？要知道媽媽是大學畢業，媽媽的工作尚且這麼辛苦，可想而知，你小學沒畢業能找到什麼樣的工作呢？暫且不說找工作，就說在家裡玩，即便媽媽允許你在家裡玩，你也知道暑假一個多月，沒過多久你都覺得無聊，還常常說想你們班同學，如果一年又一年的讓你在家待著，你真的會覺得開心嗎？」

兒子聽了唐麗雅的話陷入了沉思，唐麗雅說道：「你現在也長大了，對於學習的重要性，媽媽不想多說了，以後媽媽盡量控制自己的情緒，不去吼罵你。至於學習是你自己的事情，你如果還想要像以前那樣，恐怕你也考不上國中，到那個時候後悔就晚了。」

透過這次與兒子深談之後，唐麗雅發現兒子對待學習這件事情似乎發生了改變，每次放學回家，他竟然開始主動去寫作業，週末也不著急出去亂跑了，而是在家複習前一週學習的內容。

媽媽帶小孩妙招

媽媽在發現孩子出現厭學情緒之後，究竟要做些什麼呢？這是很多媽媽都想知道的，下面幾個方法對妳或許會有些許幫助：

1. 激發孩子的自主學習意識

媽媽在發現孩子存在厭學情緒之後，常常會逼迫孩子去學習，認為只要逼著孩子學，孩子就會有進步。其實，這樣做的結果反而會讓孩子更加抗拒學習。媽媽不妨想辦法激發孩子自主學習的意識，讓孩子感知到學習帶來的樂趣，比如，可以將一些知識運用到實際生活中，深化學習對孩子生活的影響。

2. 不以分數論成敗

孩子出現厭學的情緒，很大一部分原因是媽媽總是盯著孩子的分數，無形中形成孩子壓力。因此，在面對孩子學習這件事情上，媽媽不能表現得只關心孩子的分數，更不要因為一次考試成績不理想而去責備孩子。

3. 積極為孩子搭建能夠表現他們特長的平臺

每個孩子都有自己擅長做的事情和不擅長做的事情，因此，在教育孩子的過程中，媽媽不妨多發現孩子的優點，然後讓孩子能夠在優勢上獲得成就感。比如，孩子擅長演講，便可以讓孩子參加一些演講比賽，從而讓孩子獲得成就感。

4. 要適當降低對孩子的期望

媽媽要知道「第一」只有一個，而努力是每個孩子都可以做到的。我們應了解孩子學習的困難所在，從而幫助孩子制定切實可行的學習計畫，並讓孩子為此而努力。而不是一味地要求孩子獲得「第一」的稱號，這無形中會給孩子增加壓力，當孩子壓力太大的時候，他們便會選擇放棄。

媽媽帶小孩解讀

孩子在求學階段很容易出現厭學心理，這並不少見。媽媽要冷靜地對待孩子的厭學情緒，不要急於去教訓和指責孩子，更不要用一些責備的話語去刺激孩子，否則媽媽會發現孩子的厭學情緒會越來越嚴重。理性地對待孩子的厭學情緒，找到孩子厭學的原因，才能從根本上解決孩子厭學的問題。

第七章
壞習不能慣

習慣分好與壞，好習慣能讓孩子在成長的道路上少走彎路，而一個小小的壞習慣可能會釀成大禍。因此，媽媽不要忽視孩子任何一個壞習慣的形成，更不要低估好習慣的作用。孩子習慣的形成是需要時間的，智慧的媽媽會透過時間的磨鍊，讓孩子形成正確的學習、生活習慣，幫助孩子阻止不良習慣的產生。

愛孩子，不是任由他吃喝玩樂

相信天下沒有媽媽不愛自己的孩子，但是在愛孩子這件事情上，並不是每個媽媽都能做得恰到好處。很多媽媽認為只要孩子開心，想玩就玩，想做什麼就任由他們去做，這樣的教育方式對孩子真的好嗎？

作為媽媽，在陪伴孩子的過程中，妳是否也經常會允許孩子邊吃飯邊看電視，或者允許孩子邊玩邊學，或許妳認為這只是一件小事，但這絕對不是好的生活習慣。不僅如此，有些媽媽在日常生活中，為了討孩子「歡心」，會放任孩子玩電子遊戲，於是孩子整天抱著手機，電子遊戲成了孩子的最愛。媽媽覺得只要孩子不吵不鬧，便可以任由孩子做自己喜歡做的事情，殊不知這樣是在將孩子推向另一個深淵。

孩子的自制力很差，這與孩子的年齡有關，同時也與家長的教育方式有關。媽媽要意識到在日常生活中，不能放任孩子的壞習慣不管，否則會影響孩子自制力的培養。當孩子擁有了足夠強大的自制能力後，他們也會進行自我克制，避免養成壞習慣。

媽媽帶小孩案例

在報紙上有這樣一則報導：

有一個上小學一年級的孩子，他因為偷竊被鄰居抓住，並送進了警局。原來，這個孩子是一個「慣竊」，上幼兒園的時候，就經常偷拿其他小朋友的橡皮擦和鉛筆，而他的媽媽不覺得這有什麼大不了的，而是放任孩子去拿別的小朋友的東西，甚至還會以此為傲，認為孩子「聰敏」。

漸漸地，孩子上了小學，他已經不能滿足於偷別人橡皮擦、鉛筆帶給他的「快樂」了，他開始打鄰居家超市的主意。

他的鄰居開了一家小型超市，裡面的東西也是應有盡有。小男孩每天放學都會去超市逛逛，剛開始的時候，他會趁人多偷拿一塊糖果，回家還會將吃剩下的糖果給媽媽吃，而他的媽媽絲毫不覺得孩子的行為有什麼不妥，反而覺得孩子還小，吃別人一塊糖是很正常的事情。隨後，鄰居發現這個小男孩經常來店裡轉，偷偷拿餅乾。於是，鄰居訓斥男孩偷吃餅乾的行為，並將這件事情告訴了男孩的媽媽，男孩的媽媽卻認為鄰居「小氣」，孩子只是拿了一塊餅乾而已，不至於這樣大驚小怪的。

這天，小男孩看收銀櫃臺無人，便鑽進了櫃檯，偷偷拿走了抽屜裡的1,000塊錢。當然，這件事情被鄰居發現了，鄰居將小男孩直接帶到了警察局。小男孩的媽媽來到警局之後，她還不相信自己的孩子偷錢。在面對孩子偷錢的事實時，這位媽媽說：「孩子平時也就是拿塊糖，拿袋餅乾，從來不拿別人的錢。」她根本沒有意識到是自己的縱容，讓孩子養成了偷竊的壞習慣。

媽媽帶小孩妙招

孩子存在一些「小缺點」是在所難免的，如果我們一味地縱容孩子，「小缺點」就如同滾雪球一樣，變成壞習慣，甚至會毀了孩子的一生。或許有些媽媽會說，孩子已經形成了壞習慣，這個時候媽媽要如何去做呢？

1. 調整心態，懂得縱容的危害

我們給孩子自由，這並不等於我們可以放縱孩子不管。如果只懂得滿足孩子的需求，不懂得糾正孩子的過失，那麼顯然這樣的家庭教育是不合格的。

媽媽可以滿足孩子一時的要求，但不可能照顧孩子一輩子，當孩子貪欲越來越大之後，會不擇手段地要求父母去滿足自己的願望。所以媽媽要意識到縱容孩子的後果是什麼，從而摒棄「孩子還小，他想要什麼我就給他什麼」的思想，否則，孩子一旦養成壞習慣，就很難改掉了。

2. 違反底線的事情，直接拒絕，並限制孩子的物質欲望

拒絕孩子的要求可能會讓孩子感到不悅，但是並不是讓孩子開心的事情都值得媽媽去做。比如，孩子說不想去上學，媽媽一定要嚴肅地拒絕孩子的要求。當孩子看到媽媽的態度十分堅定，自然他們也會放棄自己錯誤的思想。媽媽要勇於拒絕孩子，不要害怕孩子經受不起自己的拒絕。

從另一方面來講，人的物質欲望是無止境的，我們在孩子很小的時候就要控制孩子的物質欲望。孩子提出正當合理的需求時，我們可以慷慨地滿足孩子，讓孩子感受到來自媽媽的愛。但是對於不必要、不合理的要求，我們一定要學會對孩子說「不」，耐心地向孩子解釋，讓孩子知道不能滿足他們的原因。

3. 讓孩子盡量多地參與到生活細節中

一個只知道吃喝玩樂的孩子，往往很少參與到家庭生活細節中。他們只知道衣來伸手、飯來張口，根本不能夠體驗到飯是如何做的、衣服是如何洗的。這個時候作為媽媽不妨讓孩子參與到生活細節中，讓孩子體驗「吃喝玩樂」背後的艱辛，讓孩子知道自己所能享受到的生活是父母透過辛勤勞動換來的。

媽媽帶小孩解讀

對孩子過分縱容，無疑是在摧毀孩子的人生。媽媽要愛孩子，但不能縱容孩子只知道「享樂」，更要讓孩子體驗到生活中的「堅持」、「辛苦」。當孩子想要無限制的享受時，媽媽要懂得讓孩子自我節制。帶孩子感受生活的酸甜苦辣，這也是幫助孩子建立良好習慣的一種方式。

每日計畫表：一切皆有計畫

「媽媽，今天我不想寫作業，明天再寫可以嗎？」、「媽媽，今天我不想洗頭，明天再洗吧？」在生活中，妳是否經常會聽到孩子這樣對妳抱怨？其實對於孩子來講，他們需要建立時間觀念，需要了解自己在什麼時間該做什麼事。

很多時候，孩子並不清楚自己一天之內要做什麼事情，這就需要媽媽幫助孩子做好規劃，讓孩子一目了然地看到自己需要做的事情。因此，媽媽要幫助孩子制定每日計畫表，讓孩子養成「今日事，今日畢」的好習慣。

很多媽媽可能會抱怨，即便制定了計畫表，孩子也不會按照計畫表去完成自己當日的任務的。其實，孩子的自制力很差，需要媽媽進行督促，如果孩子不按照計畫表進行，這個時候就需要媽媽進行干涉了。當然，在媽媽制定計畫表之前，需要孩子參與，計畫表需要得到孩子的認可，只有這樣孩子才會願意按照計畫去做。

很多時候，媽媽制定計畫表時，自己也需要參與其中，比如要避免孩子長時間看電視或者玩手機，這個時候可以為孩子制定活動遊戲，而遊戲的過程就需要媽媽參與其中。因此，媽媽一定要配合孩子完成一系列的計畫，確保孩子的計畫不會延誤。

媽媽帶小孩案例

希希的兒子連續三年都是年級第一名，很多媽媽好奇究竟是怎樣的媽媽才能教育出如此優秀的孩子。希希說自己只是幫助孩子養成了「今日事，今日畢」的好習慣，下面是希希幫助兒子制定的每日計畫表：

時間	事項	完成情況	注意事項
7：10-8：00	起床、盥洗、早餐	按時完成	起床後需要疊被子
8：00-8：25	去學校	按時完成	
8：30-11：40	上課	按時完成	
11：40-12：05	回家	按時完成	
12：05-12：30	午飯	按時完成	
12：30-12：40	自由活動	按時完成	
12：40-13：20	午休	按時完成	
13：20-13：55	收拾、去學校	按時完成	
14：00-17：40	上課	按時完成	
17：50-18：20	放學回家	按時完成	
18：20-18：50	晚餐	按時完成	
18：50-19：00	自由活動	按時完成	
19：00-20：00	寫作業	按時完成	
20：00-20：40	遊戲時間	按時完成	不能玩手機
20：40-21：10	練習繪畫	按時完成	
21：10-21：30	盥洗、上床睡覺	按時完成	

每天希希都會為孩子制定詳細的計畫，並且要求孩子在當天完成。每次孩子完成之後，她為了鼓勵孩子，會在計畫表上黏貼一個獎勵貼紙。對於孩子沒有完成的項目，希希會和孩子一起分析原因，幫助孩子找出自身的不足，如果計畫表時間節點制定得不夠合理，那麼希希也會根據自己的完成情況來完善計畫表。

媽媽帶小孩妙招

媽媽在幫助孩子制定每日計畫表時，究竟要注意哪些細節問題呢？

1. 計畫表要切實可行

很多時候，媽媽的計畫是完美的，但是卻不切合實際。比如，在一天之內安排過多的事項要做，又比如在很短的時間內，要求孩子完成較多的工作。這都是不切合實際的，對於孩子來講也是不科學的。不切合實際的計畫，即使做得如何盡善盡美，孩子也是無法完成的，那麼也就無法達到我們預期的效果。

2. 結合孩子的承受能力制定計畫

「媽媽讓我用二十分鐘的時間寫完作業，剩下的時間還要上興趣班。可是我的作業很多，在二十分鐘內根本寫不完。」一個三年級的小女孩抱怨道。

很多媽媽希望孩子能夠在短時間內完成某項任務，但是沒有考慮到孩子的實際能力和承受範圍。對於超出孩子承受範圍的任務，孩子勢必是無法獨立完成的。因此，在制定計畫的時候，媽媽一定要和孩子一起商量，按照孩子的承受能力來制定，確保孩子能夠承受計畫的壓力。

3. 制定了計畫就要完成

在制定計畫之前，媽媽要徵求孩子的同意，比如，我們希望孩子在寫完作業之後，能夠再做幾道課外題，這個時候我們一定要提前告訴孩子，並得到對方的同意，只有這樣孩子才會認可我們的計畫。因此，媽媽制定計畫時一定要站在孩子的角度，確保孩子認可計畫內容，這樣制定的每日計畫才能有實際的意義。

4. 計畫要具有可變性

所謂可變性，並不是可以隨意改變，而是要根據當天的突發情況而改變，比如，本打算在孩子寫完作業之後，陪孩子做遊戲，這個時候家裡突然來了客人，那麼計畫必然會改變。因此，在做計畫時，要做到心中有數，明白哪些計畫項可以更改，哪些是不可以更改的。

張青雲的女兒已經8歲了，每天晚上寫完作業後，她都要看很長時間的電視，這就導致她根本沒時間練習書法，為此張青雲很生氣。為了能夠按照計畫完成每日的任務，張青雲將計畫進行修改，要求女兒先練習書法，然後再看電視，她跟女兒說，只有認真練習書法之後，才能看電視。

對於孩子來講，他們很難自己去制定每日計畫，這時就需要媽媽幫助孩子制定每日計畫，根據孩子每天的學習任務和生活習慣，制定出合乎孩子需要的計畫。媽媽在制定的過程中，一定要尊重現實，如果計畫做得不合乎現實，就會導致孩子無法很好地完成。當然，在計劃的過程中，需要讓孩子參與進來，因為只有孩子認可的計畫，他們才會願意去履行。

媽媽帶小孩解讀

計畫性培養，不僅能夠鍛鍊孩子的邏輯性，更重要的是為孩子制定了時間節點，讓孩子在特定的時間內，完成特定的任務。這樣做不僅能夠提高孩子的做事效率，還能夠讓孩子養成良好的做事習慣，避免出現拖延的行為。

因此，媽媽幫助孩子制定每日計畫表時，能夠讓孩子養成「當日事情，當日畢」的好習慣。當然，計畫完成的過程，也是孩子提升自我的過程。

孩子萬事拖沓，妳該這樣治

孩子五分鐘之內可以完成的事情，總是拖拉半個小時才完成，能半個小時寫完的作業，總是花費一個半小時才完成。妳家孩子是否也有這樣的情況呢？很多媽媽抱怨孩子做事情拖沓，認為孩子的性格就是如此，所以不會將孩子做事情拖延當回事。其實，對於孩子來講，做事情拖延是一種極其不好的習慣。

很多媽媽認為造成孩子拖延的原因很簡單，就是孩子做事情不認真。其實不然，對於孩子來講，做事情拖延往往有三方面的原因；

第一，生理原因。很多媽媽認為孩子拖延只是一種「壞習慣」，但是很多研究顯示，孩子出現拖延症很多是由於生理原因造成的，其反應能力和注意力都會比同齡人弱一些，這主要是因為孩子大腦前額葉皮層功能區出了問題。

第二，心理原因。總是拖沓的孩子往往是不快樂的，在性格方面也多是急躁的，這種結果的製造者往往是他們的父母。父母不斷地催促孩子，或者是「逼迫」孩子完成他們不想完成的目標，這就造成孩子選擇的機會減少，從而讓孩子的內心變得十分無助，做事情也只能是拖沓對待。

第三，行為原因。有些時候孩子出現拖沓的行為，純粹是行為層面的。但是，在拖沓行為的背後，其實是孩子沒有確立時間觀念。原本可以一個小時做完的事情，由於孩子缺乏時間觀念，可能會花費兩個小時才能做完。

在分析完孩子做事情拖延的原因之後，媽媽可以結合自己孩子的情況，找到幫助孩子解決拖延問題的辦法。

媽媽帶小孩案例

薩爾是一名心理醫生，在他的病人當中，有一個小男孩。小男孩的媽媽見到薩爾就開始抱怨：「醫生，我的孩子做事情很拖沓，我讓他用二十分鐘吃完飯，他用四十分鐘才吃完；我讓他用半個小時寫完作業，他用了一個多小時。雖然都是小事情，但是有很多這樣的事情，他無論做什麼事情都很拖沓，這讓我感到很頭痛。」

「女士，請問您是否觀察了孩子因為什麼事情才導致吃飯拖沓、寫作業拖沓的呢？」薩爾問道。

「他吃飯的時候會吃幾口，然後就開始在那裡玩自己的衣角。學習的時候，會寫一點點就開始東張西望，甚至有時會肆無忌憚地玩遊戲。」小男孩的母親越說越生氣。

「女士，您先不要著急，我大概已經明白了您的孩子的情況。」薩爾不緊不慢地說道。

「醫生，這該怎麼辦才好呢？他真的讓我很生氣。」小男孩媽媽繼續說道。

薩爾說道：「您的孩子可能沒有建立時間觀念，在平時的生活中，您的孩子也缺少自我選擇和自我控制的機會。回到家中，您只需要為孩子制定出計畫表，讓孩子一目了然地看到自己在什麼時間該做什麼事情。不僅如此，還要讓孩子自己做選擇，自己決定做事情需要花費的時長。比如，讓孩子自己決定用多長時間完成作業。」

「如果他給自己制定用兩個小時完成作業，但是實際上作業很少，半個小時就可以做完，這該怎麼辦？」女士問道。

「那您可以很直接地告訴他，如果他選擇用兩個小時寫完作業，在寫完作業之後就只能上床睡覺了，根本沒有玩耍的時間了。」薩爾說道。

這位母親按照薩爾說的去做，回到家，她羅列出孩子一天要完成的事情，並讓孩子自己制定時間計畫，最終，這位母親發現孩子不但能夠認真地完成作業，更重要的是他能夠按照計畫表的內容有序地做事情了。

媽媽帶小孩妙招

做事情拖延是很多孩子都會出現的問題，在面對孩子出現這樣的問題時，媽媽要做的究竟是什麼呢？

1. 當孩子是因為生理問題，造成做事情拖延

這個時候媽媽要做的是尋求醫生的幫助，然後讓孩子多參加一些體育鍛鍊，對孩子進行感官系統的訓練，只有這樣才能夠真正幫助到孩子。

2. 如果孩子是因為心理原因，導致做事情拖延

這個時候媽媽要做的就是給孩子一定的選擇權，讓孩子去做自己想要做的事情，不要急於指責孩子，而是要幫助孩子建立時間觀念。

3. 如果孩子是因為行為原因，導致做事情拖延

此時，媽媽要做的就是幫助孩子制定計畫表，梳理孩子一天的行為任務，讓孩子明白有多少事情要做，這樣孩子才會在行為上避免拖延。

媽媽要幫助孩子擺脫拖延的壞習慣，但是在幫助孩子的過程中，一定不要覺得只要自己時刻提醒孩子，孩子就不會拖延，只有幫助孩子建立行為秩序和專注力，孩子才能夠更好地做事情。因此，督促不是從根本上解決問題的辦法，當媽媽發現孩子是因為專注力不夠才導致做事情拖延時，一定要想辦法先提升孩子的專注力，這點才是解決問題的關鍵。

媽媽帶小孩解讀

導致孩子拖延的原因不同，媽媽選擇的應對方法也就不同。當然，媽媽不停地吼罵孩子，對改善孩子做事情拖延是沒有任何幫助的，反而會加重孩子的心理負擔，甚至會讓孩子產生抵抗情緒。面對孩子的拖延行為，媽媽一定要明確界限，讓

孩子意識到哪些行為是可以接受的，哪些是不可以接受的，從而提高孩子的行為自律性。

生活作息講規律，寢食才能安

妳的孩子習慣晚上幾點睡覺呢？又是幾點起床的呢？有的媽媽會抱怨孩子總是賴床，不按時起床。週末休息，孩子甚至會睡到中午才起床，晚上又開始熬夜到十二點才睡覺。對於孩子來講，他們的自控能力比較差，如果媽媽不去進行監督，孩子很難養成規律的作息習慣。

規律的作息習慣對孩子來講，究竟有怎樣的好處呢？早睡早起、按時吃飯對孩子的生長發育是十分有必要的。眾所周知，孩子在成長的過程中，需要充足的睡眠和營養，而有規律的作息習慣是孩子健康成長的必要條件。不僅如此，我們都知道孩子只有養成了良好的作息習慣，他們才能擁有充分的精力去做更重要的事情。

當孩子的生活沒有規律時，勢必會影響他們的身心健康。因此作為媽媽，發現孩子的生活作息比較混亂時，一定要糾正孩子的不良習慣。在這個過程中，勢必會讓孩子不高興，但是我們必須堅定自己的教育觀念，因為這對孩子今後是十分有幫助的。

媽媽帶小孩解讀

放寒假了，這是喬喬一年中最不喜歡的時間，因為兒子鑿鑿經常會晚上不睡覺，早上不起床。不僅如此，只要放假鑿鑿就是一天只吃兩頓飯，每次吃得都很多，本來鑿鑿就很胖，這樣不規律的作息，會讓鑿鑿變得更胖、更不健康。喬喬因為作息的事情，吼罵過鑿鑿，但是她發現好不了兩天，鑿鑿又會重複之前的壞習慣。

今年，喬喬想了一個辦法，她提前制定了一個作息時間表，在作息時間安排表中，明確寫了每天要幾點起床、幾點用餐、晚上幾點睡覺。不僅如此，喬喬還制定了獎懲計畫。比如，如果鑿鑿能夠在整個寒假期間保持規律的作息習慣，早睡早起，那麼就可以在開學之前得到他最喜歡的漫畫書，或者任選一個不超過 200 元的禮物。如果鑿鑿在寒假期間，出現了 10 次以內的違規行為，那麼開學前沒有禮物；出現超過 10 次的違規行為，則開學後第一個月不給他零用錢。

鑿鑿對於媽媽的計畫十分認可，並且決心一定會按照計畫執行。轉眼寒假結束了，鑿鑿竟然沒有出現過一次不起床的情況，也沒有出現過晚睡的情況，吃飯也很規律。

寒假結束，鑿鑿不僅完成了老師留的寒假作業，而且身高也長高了。為了獎勵鑿鑿，媽媽送給鑿鑿一套他最喜歡的漫畫書。

媽媽帶小孩妙招

對於很多媽媽來講，孩子之所以沒有養成規律的作息習慣，很多時候是因為媽媽不夠重視，甚至縱容孩子。比如，放假期間，媽媽會對孩子說「明天不用上學了，你可以晚點起床」、「晚上不管你幾點睡覺，只要早上來得及吃早飯就行」。其實，媽媽的這種態度就是在縱容孩子養成不規律的作息習慣。因此，媽媽首先要端正自己的態度，不能縱容孩子養成不良的作息習慣。那麼，在生活中，媽媽究竟該如何去做呢？

1. 幫孩子科學地規劃作息時間

無論孩子處在哪個生長階段，作息時間安排得越科學，越有利於孩子的成長。那麼，作為媽媽，要做的就是根據自己孩子所處的年齡層，制定最科學的作息時間表。比如，當孩子進入小學階段，受到上課時間的影響，孩子在早上六點半就應該起床了，而睡覺最晚應該是晚上九點半，只有這樣才能讓孩子白天上課的時候精力充沛。

媽媽在了解了科學的作息時間之後，就要為孩子進行規劃，要將孩子一天內要完成的事情都規劃進去，既不能有疏漏，也不能不給孩子預留玩耍的時間。

2. 作息時間要具體

媽媽在幫孩子制定作息時間表的時候，一定要細化。比如，睡覺時間一定要規定到具體的時間點，而不是一個範圍。這樣做的目的是讓孩子更清楚地理解到自己在哪個時間點，該做什麼事情。如果只是一個時間範圍，那麼孩子很可能會在這個時間範圍內再做一些其他的事情，無形中會打亂計畫表。

3. 設立獎懲規定

媽媽設定了獎懲規定之後，孩子才能更願意按照作息時間表執行。因此，在制定作息時間計畫時，要設定一些獎懲措施，讓孩子有堅持下去的動力。同時，如果孩子違反了規定之後，媽媽也要按照計畫對孩子進行懲罰。

媽媽想要讓孩子養成良好的生活作息習慣，前提必須是自己也要做到生活有規律，不然孩子是無法養成良好的生活習慣的。

媽媽帶小孩解讀

孩子能否養成良好的生活習慣，在相當程度上取決於家長是否進行了引導和監督。當媽媽幫助孩子制定了作息時間表之後，孩子會按照計畫來安排自己的作息時間。因此，幫助孩子制定作息計畫，並督促孩子按照計畫來執行，這對孩子養成良好的生活習慣是十分關鍵的。

培養安全意識，刻不容緩

在教育孩子的時候，媽媽一定會對孩子進行安全教育，比如，告訴孩子要牢記爸爸媽媽的手機號碼；出門不能跟陌生人說話；不能隨便吃陌生人給的東西；不要讓陌生人親吻自己等等。媽媽的這些「嘮叨」無非是為了幫助孩子建立安全意識，這對孩子的成長是十分有幫助的。但是，很多媽媽卻不清楚如何幫助孩子建立全面系統的安全意識。要知道讓孩子形成安全意識，對孩子來說刻不容緩。媽媽要培養孩子的安全意識，自然要先了解安全意識包含哪些，了解有哪些涉及孩子的安全問題。當媽媽充分了解了安全意識，才能更全面地去教導孩子。

安全意識包含很多方面，例如，對外安全意識、交通安全意識、消防安全意識、食品安全意識等。對外安全意識指的是在家庭之外的環境中，可能出現的一些安全問題，其中涉及最多的是來自陌生人的威脅；交通安全意識是最容易被孩子理解的，如一些交通規則；消防安全意識多指的是一些自然災害，比如火災、水災；食品安全意識指的是某些具有危害性食物的分辨能力和防範意識。

媽媽帶小孩案例

想必很多媽媽都看過劉德華主演的電影《失孤》，影片講述的是一個父親尋找丟失兒子的故事。這部電影展現了很多孩子被拐賣的情景。孩子被人販子拐賣，是很多媽媽所擔心的事情。

張欣欣看完這部電影後，便經常告訴孩子，在外不要與陌生人交談，獨自在家時，別人敲門，無論是誰都不要開門，除非確認是爸爸媽媽。

一次，7 歲的兒子獨自在家，張欣欣去超市買菜。張欣欣回來後，兒子對她說道：「媽媽，剛才有個叔叔敲門，我沒給他開門。」

「他說自己是做什麼的了嗎？」張欣欣擔心地問道。「他說是送外送的，但是我知道您沒有點外送，即便您點外送了，我一個人在家，也不會幫他開門的。如果是壞人，我一個人可對付不了他。」兒子說完，張欣欣一身冷汗，她不知道對方是誰，但是自己的確沒有點外送。

之後，張欣欣將這件事情告訴了樓下管理員，管理員經過查看監視器，發現的確是一名陌生男子進入了大樓，並連著敲了好幾家的門，大家一起報了警。

顯然，張欣欣平時對孩子的安全教育是成功的，她知道只有孩子建立了安全意識，他們才會謹慎小心，也才會更安全。

媽媽帶小孩妙招

媽媽不可能一輩子保護孩子，也不可能一天 24 個小時形影不離地陪在孩子身邊。媽媽保護孩子的最好方式是讓孩子學會保護自己，教授孩子足夠的安全知識，讓孩子意識到什麼情況下是安全的，什麼情況下是危險的。在生活中，媽媽要如何培養孩子的安全意識呢？

1. 透過一些生活真實案例，來培養孩子的安全意識

媽媽可以帶孩子觀看一些教育題材的紀錄片或者新聞報導，讓孩子意識到在怎樣的情況下會存在安全隱患。不僅如此，媽媽要講解給孩子聽，告訴孩子在什麼情況下需要尋求警察、醫生、消防員的幫助，讓孩子學會正確的自救和求救方法。

2. 意識到危險的目的，是找到應對危險的方法

媽媽要教會孩子如何保護自己，尤其是在孩子遇到危險時，能夠幫孩子找到逃脫危險的方法，這才是灌輸孩子安全意識的目的所在。因此，平日裡，媽媽要多教孩子一些應對方法。比如，發生火災時如何正確逃生，發生地震時如何正確應對。

3. 培養孩子養成良好的生活習慣，才能夠避免出現危險

媽媽要注重孩子良好生活習慣的養成，比如，在吃飯時，讓孩子養成小口吃飯的習慣，避免被飯菜燙傷或噎到；在倒水的時候，只倒半杯，避免熱水灑到身上；在睡覺之前，要將檯燈關閉，這樣避免發生火災。當孩子養成了良好的生活習慣，就能避免很多危險的發生。

4. 幫助孩子正確了解現實生活

在生活中，存在美，自然也存在醜，有善就有惡。要讓孩子知道現實生活並不是童話故事，很多壞的、惡的人和事都會

出現在我們身邊。

孩子很容易聽信別人的謊言和物質的誘惑，這主要是因為孩子的心智還不夠健全，分辨能力還很弱，因此，媽媽應該培養孩子的自主防範意識，透過多種形式建立孩子的防範心理，比如透過講故事、交談、看電視等形式，來向孩子展現社會的複雜性。

5. 透過相關書籍幫孩子建立安全意識

在生活中，我們可以看到很多關於建立孩子安全意識的書，作為媽媽可以買一些這樣的書給孩子，讓孩子透過閱讀建立危機意識。在閱讀的過程中，媽媽一定要耐心地講解書裡的內容，幫助孩子化解心中的疑惑。

媽媽要保護孩子，就要讓孩子學會保護自己。孩子進行自我保護的方法有很多，這就需要媽媽提前了解，及時對孩子進行安全知識普及。在孩子了解了危險之後，他們就不會慌張，從而能夠找到合適的方法遠離危險。

媽媽帶小孩解讀

孩子安全意識的建立，在相當程度上需要媽媽先具備一定的安全意識，然後再透過媽媽的日常教育傳輸給孩子。在孩子建立安全意識的同時，要讓孩子理解一些「安全訊號」，比如警察局、消防局、醫院等，這些安全訊號對孩子進行自我保護來講，是十分重要的。

如何培養孩子的時間觀念

孩子上小學之後，很多媽媽都覺得更累了，那是因為孩子的家庭作業多了，而部分孩子在寫作業的時候總是拖拖拉拉，原本一個小時可以寫完的作業，孩子會花費兩三個小時。不僅如此，說好的晚上十點前入睡，孩子玩到十點之後，還是捨不得睡覺，還要繼續玩。而到了第二天早起，鬧鈴響了五六次了，孩子還是懶得起床。想必這些情況是很多媽媽都會遇到的，這也讓很多媽媽感到十分苦惱。其實出現這些情況，主要是因為孩子本身時間觀念的缺失，在孩子的內心深處，沒有時間的概念，他們不知道在什麼時間應該做什麼事情，也不清楚自己拖延時間會有怎樣的後果。

作為媽媽，應該想辦法培養孩子的時間觀念，讓孩子意識到時間的重要性，並讓孩子學會珍惜時間，只有這樣孩子才能夠在規定時間內完成規定的事情，也才能建立良好的生活習慣。

媽媽要幫助孩子建立時間觀念，首先自己要明白什麼是時間觀念，其實時間觀念來自於人類觀察感知到的事物發展規律。媽媽要讓孩子意識到時間具有不可逆性，從而幫助孩子養成珍惜時間的習慣。

媽媽帶小孩案例

潔西卡的女兒9歲了，因為學校要求孩子自己上下學，所以潔西卡不能去學校接孩子放學，原本學校在下午五點就放學了，正常的話從學校到家步行只需要十五分鐘的時間，而每次女兒到家都需要花費將近一個小時的時間。

潔西卡很好奇女兒究竟在途中都做了什麼。這天潔西卡五點之前就到了學校門口，在女兒走出大門的那一刻，她就開始觀察女兒，自然女兒沒有發現潔西卡。

當女兒經過小公園的時候，她停下了腳步，開始在公園裡亂轉。一會看看地上的小花，一會摸摸公園的雕塑，偶爾碰到同班同學，還會與同學聊一會。就這樣，女兒能在公園裡待上半個小時。

女兒回到家，潔西卡緊隨其後，也回到了家。潔西卡意識到應該讓女兒理解到時間的寶貴，畢竟女兒回到家還要練鋼琴，這需要花費兩個小時的時間。

潔西卡將女兒叫到房間，然後指著牆上的鐘錶說道：「親愛的，妳知道這個鐘錶代表著什麼嗎？」

「時間啊，鐘錶每走一下，就代表時間在變化。」女兒已經9歲了，顯然她已經學會了認讀鐘錶。

「是的，不僅如此，它還代表著生命。」潔西卡說道。

女兒疑惑地看著潔西卡，潔西卡繼續說道：「鐘錶每走一下，就表明我們的生命距離死亡近了一步，所以我們要與鐘錶搶時間。」

「怎麼與鐘錶搶時間？我們又不能阻止鐘錶轉動。」女兒疑惑地說道。「雖然我們不能阻止時間流逝，但是我們可以用節約時間的方式，來讓我們的生命更有意義。」潔西卡繼續說道，「比如妳放學後每次用將近一個小時的時間才走到家，如果妳能夠用十五分鐘走到家，那麼節約下來的半個多小時，妳完全可以用來做其他事情，在同樣的時間裡妳做了更多的事情，這就是在與鐘錶搶時間。」

女兒說道：「我可以十五分鐘走到家，但是到了家裡我能做什麼？」

「妳可以自由選擇，這半個小時妳可以用來畫畫，也可以用來彈鋼琴，甚至可以看妳最喜歡的漫畫書。」潔西卡說道。

「這是個很棒的提議，我會有更多的時間去看漫畫了。」女兒開心地笑了。的確，從那天起，女兒每天只用十五分鐘便能從學校走回家了。

媽媽帶小孩妙招

隨著孩子的成長，孩子需要的並不是媽媽替自己做所有的事情，而是學會利用時間規劃自己的事情，同時，在有限的時間內完成當天任務。在這個過程中，孩子需要建立時間觀念，需要懂得節約時間。那麼，要培養孩子的時間觀念，媽媽究竟該如何去做呢？

1. 讓孩子感受時間的長短

在孩子大腦中對時間還沒有概念和意識的情況下，媽媽可以幫助孩子體驗時間，刻意讓孩子感受到時間的存在。比如，當孩子要求看卡通的時候，你可以對孩子說：「寶貝，為了保護你的眼睛，媽媽只允許你看十分鐘的卡通，也就是兩集那麼久。」透過這樣的描述，孩子能夠感受到十分鐘是多長時間，久而久之，孩子會感受到時間的存在。

2. 給孩子制定恰到好處的時間節點

在孩子做事情之前，媽媽可以進行時間規劃。比如，早起用十分鐘的時間完成盥洗，在這個過程中，媽媽可以透過「還剩一分鐘」類似這樣的提醒，讓孩子意識到時間的緊迫性，從而促使孩子在下一次盥洗的時候控制好時間。制定時間節點的好處有很多，最重要的是避免孩子出現拖延的情況。

3. 教會孩子看鐘錶和日曆

讓孩子學會看鐘錶，這能夠幫助孩子建立時間的觀念。同樣的，學會看日曆能夠讓孩子建立日月年的觀念。

時間具有不可逆性，隨著時間的流逝，孩子也在一天天地長大。媽媽要幫助孩子建立時間觀念，讓孩子意識到時間的緊迫性，這對幫助孩子建立良好的作息習慣和養成節約時間的習慣是十分有幫助的。

媽媽帶小孩解讀

時間意識的建立並不是孩子學會看鐘錶就可以了，而是讓孩子對時間有更正確和科學的理解，這樣做能夠避免孩子養成拖延的習慣。除此之外，當孩子懂得節約時間之後，他們會盡可能地利用有限的時間去做他們認為有必要的事情，媽媽自然也就不用擔心孩子出現拖沓、貪玩的現象了。

第八章
改錯要及時，他不只是個孩子

是人就會犯錯，更不用說孩子了，天下沒有不犯錯的孩子，也沒有不犯錯的媽媽。當孩子犯錯之後，媽媽的第一反應是要幫孩子糾正錯誤，這點毋庸置疑。幫孩子糾錯是一種智慧，既不能全部依賴媽媽的力量，也不能放任不管。因此，掌握正確的糾錯技巧和方法，能夠讓母親與孩子之間的關係變得更融洽。

犯錯不可怕，視而不見才可怕

雨果（Victor Hugo）在《悲慘世界》（*Les Misérables*）裡寫道：「不犯錯，那是天使的夢想。盡量少犯錯，這是人的準則；錯誤就像地心具有吸引力，塵世的一切都免不了犯錯。」的確，天下沒有人會不犯錯，而盡量減少錯誤的發生，是我們做人做事的準則。「他還小，還是一個孩子。」這是我們經常會說的話，也是媽媽幫助孩子「逃避」責任時常說的話。不可否認孩子的確會因為年齡的原因導致犯錯，但是孩子犯錯並不可怕，可怕的是父母的態度。很多媽媽在看到孩子犯錯之後，會覺得孩子還小，犯錯了也無關緊要，於是選擇對孩子的錯誤視而不見，這就讓孩子犯錯後不會產生任何後果的錯覺，自然孩子也就意識不到錯誤的嚴重性，最終的結果是孩子從來不去改正自己的錯誤。在孩子犯錯之後，媽媽選擇視而不見，孩子可能會認為這並不是「錯」，所以媽媽對待孩子犯錯的態度十分關鍵。

媽媽帶小孩案例

週末，因為有事情要外出，所以我選擇了坐捷運。捷運裡人不算多，我坐下之後便開始看手機，就在我看手機的時候，突然感覺到左腳趾一陣痠痛，我急忙抬頭，然後看到一個 10 歲左右的小男孩。很顯然，是這個小男孩踩到我的腳了，當時我並沒有說什麼。

過了幾分鐘，小男孩又踩到了我的腳，這次很痛，我叫出了聲音。顯然，小男孩的母親聽到了，她一定知道發生了什麼事情，但是她只是看了我一眼，沒有說話，繼續低頭看她的手機。或許是小男孩比較調皮，這次他又踩到了一位年輕的男士，男士喊道：「誰家孩子？踩到我了！」

男孩母親看了一眼男士，說道：「小孩踩一下能有多痛。」

男士說道：「那我踩妳一下，你看痛不痛。」

就因為這件事情，男孩的母親和這位男士吵了起來。

對於這位母親來講，她根本沒有意識到自己孩子犯了錯，因此也沒有意識去讓孩子改正錯誤。可想而知，這個孩子長大後會變成什麼樣子。

媽媽帶小孩妙招

在現實生活中，孩子犯錯是在所難免的事情，在孩子犯錯之後，媽媽的態度是十分重要的。妳的態度直接影響到孩子是否有勇氣去改正錯誤，因此，在教育孩子的過程中，我們一定要正確對待孩子的錯誤。

1. 媽媽要讓孩子意識到錯誤

孩子犯錯之後，他們不一定能意識到自己的錯誤，甚至孩子並不覺得自己犯錯了，這個時候就需要媽媽幫他們發現錯誤。正所謂「知錯能改，善莫大焉」，改錯的前提是知道自己錯在哪裡，媽媽需要引導孩子，讓孩子意識到錯在哪裡，他們才能更好地去改正錯誤。

2. 媽媽要指出孩子的錯誤，而不是吼罵孩子

在很多時候，孩子犯錯之後，他們的內心是充滿恐懼和自責的，甚至會害怕媽媽因此而生氣。如果在這個時候，媽媽不但不去開導孩子，反而一味地責罵孩子，那麼孩子一定會十分傷心。在孩子犯錯之後，媽媽可以心平氣和地指出孩子的不足，耐心地和孩子一起分析利弊，只有這樣孩子才願意接受媽媽的建議。

3. 提出改正的建議，而不是逼迫孩子按照大人的方式去改正

在孩子犯錯之後，他們會希望按照自己的方法去改正錯誤，而媽媽往往會有自己的想法，在這個時候媽媽不要去強迫孩子，一定要尊重孩子彌補過錯的方法和方式。

在孩子的心目中，他們害怕因為犯錯而被媽媽教訓，更害怕媽媽會責備自己。正因為如此，在孩子犯錯之後，媽媽要先表露出對孩子的理解，即便孩子犯了大錯，媽媽也要盡量用心平氣和的態度和孩子一起面對問題。

媽媽帶小孩解讀

媽媽冷漠地對待孩子的錯誤，這只會讓孩子忽略錯誤所產生的後果。當孩子犯錯之後，如果媽媽一味地教訓孩子，不懂得正確地幫孩子改正錯誤，會讓孩子更加膽小懦弱。負責的媽媽都是先了解孩子的心理，幫孩子意識到自己犯的錯，同時願意幫孩子去改正錯誤。沒有孩子希望看到自己的媽媽生氣，也沒有媽媽希望自己的孩子犯錯。因此，正確對待孩子的錯誤，比責備孩子犯錯要有意義。

及時糾正孩子的差錯，別以為「樹大自然直」

孩子犯錯似乎在所難免，在孩子成長的過程中，孩子會經常犯錯，這是每個媽媽都會遇到的問題。對於孩子來講，犯錯似乎並不可怕，可怕的是得不到正確的指導，最終導致孩子不知道自己錯在哪裡，久而久之，孩子會認為自己做錯事情是很正常的，絲毫沒有悔改之心，並且養成習慣。

曾經有心理學家研究發現，人類在犯錯之後，內心往往是拒絕去面對的，也就是說人類是不願意去面對和解決錯誤的。對孩子來講也是如此，他們拒絕面對自己的錯誤，也是因為不想去改正錯誤。因此，孩子在犯錯之後，就需要媽媽及時引導孩子，幫孩子糾正錯誤。

很多媽媽在看到孩子犯錯之後，會做出一些不理智的行為，比如，打罵孩子、忽視錯誤等，這些行為直接導致孩子對改錯產生錯誤的認知。當孩子犯錯之後，他們可能已經意識到自己犯錯了，而在這個時候如果媽媽仍然吼罵孩子，孩子內心往往是委屈的，從而選擇逃避應該面對的錯誤。因此，媽媽要用正確的方式幫孩子意識到錯誤所在。

在生活中，當妳發現孩子犯錯之後，妳會有下列幾種表現嗎？

1. 不問原因直接怒吼孩子。

2. 不給孩子解釋或辯解的機會。

3. 對孩子的錯誤置之不理，認為孩子長大了就意識到問題所在了。

4. 一味地責備孩子，根本不幫孩子找到彌補錯誤的方法。

如果妳有上面四種表現，那麼作為媽媽，妳應該認真檢討一下了。

媽媽帶小孩案例

在一則新聞中，報導了這樣一件事情：

某小學的一名三年級小學生離家出走，全校老師分頭去尋找。引起這件事情的原因是這樣的，這位小學生早上起床後，沒有著急去學校，而是看起了電視，導致孩子上學遲到了。這件事情自然被剛下夜班的媽媽知道了，她朝著孩子一頓大吼，這位小學生當時十分委屈，因為他的媽媽根本不知道，自己是為了看電視上的「升旗典禮」，因為老師留了一篇作文，作文的題目就是「升旗」，他想要看看電視裡升旗的場景。

在孩子想要解釋的時候，媽媽用憤怒的吼叫聲打斷了孩子的話語。孩子感到很無助，於是孩子也開始對媽媽吼叫，緊接著媽媽便打了他。

小學生跑出了家門，而媽媽以為孩子只是一時生氣，等會就會回來，沒想到到了晚上九點孩子仍然沒有回家，原來是孩子選擇了離家出走，最終在警察的幫助下，才將孩子找了回來。

對於這位媽媽來講，當她看到孩子犯錯之後，並沒有給孩子解釋的機會，也沒有問清楚孩子為什麼要早起看電視，而是直接對孩子一頓怒吼。最終造成這種結局，母子關係受到了很嚴重的影響。

媽媽帶小孩妙招

很多媽媽認為孩子犯錯是由於孩子年齡小造成的。的確，孩子年齡小是一方面原因，但是對於孩子來講，很多時候並不是因為「無知」造成犯錯，很多錯誤也並不是孩子長大了就懂得如何去避免，或者如何去改正的。作為媽媽，不要認為隨著孩子年齡的成長，便不會再犯錯，要知道很多時候孩子犯錯與年齡無關，而是與父母的態度有關。

在生活中，當媽媽發現孩子犯錯了之後，究竟該如何糾正孩子的錯誤呢？

1. 控制好自己的情緒

很多媽媽在發現孩子犯錯之後，覺得孩子太調皮，又或者因為自己工作很辛苦，所以容易導致自己對孩子發火。原本孩子沒有犯多大的錯，但是媽媽卻發了很大的火，從而影響親子關係。在教育孩子的時候，媽媽一定要控制好自己的情緒，避免對孩子發「無名火」。

2. 理性地幫孩子分析錯誤的原因和後果

當孩子意識到錯誤之後，媽媽可以為孩子分析一下犯這種錯會造成怎樣的後果，當孩子意識到後果的嚴重性之後，再遇到同樣的事情，他們才會避免去犯同樣的錯。理性地分析錯誤的原因和後果，對孩子的成長是十分有幫助的。

3. 先讓孩子想辦法自己去改正錯誤

在孩子意識到錯誤之後，媽媽不要急於幫孩子去解決問題，而是要讓孩子先自己想辦法去解決，當孩子自己解決了問題之後，他會對錯誤有更深刻的理解，甚至會總結經驗教訓，為以後的成長打好基礎。

4. 當孩子自己無法單獨解決問題的時候，媽媽可以適當地給予孩子幫助

很簡單，在孩子面對錯誤的時候，他們可能無法自己去解決問題，或者孩子的力量很小，需要尋求父母的幫助，這個時候媽媽需要給予孩子一定的幫助，讓孩子可以藉助媽媽的力量去改正錯誤。

5. 幫孩子總結經驗和教訓

在孩子犯錯這件事情上，很多媽媽會將「糾正錯誤」當作最終的結果，其實從孩子犯錯，到幫孩子意識到錯誤，再到幫孩子糾正錯誤，這只是一個過程，而真正的結果是幫孩子總結經驗和教訓，讓孩子避免以後犯同樣的錯。因此，媽媽一定不要忘記幫孩子總結經驗和教訓。

對於孩子來講，他們犯錯是在所難免的事情。在孩子改正錯誤的過程中，媽媽要多多鼓勵孩子，讓孩子對改錯、認錯充滿勇氣和信心。

媽媽帶小孩解讀

孩子對錯誤的理解能力是有限的，因此，媽媽要及時幫孩子糾正錯誤。

業內教育人士表示，美國一些家庭，擅長用「計時糾錯」的方式來幫孩子意識到錯誤。這種方式是孩子犯了錯，家長進行

反覆警告孩子仍然屢教不改時，家長會讓孩子停止手中一切事情，讓孩子進行自我反省，反省幾分鐘之後再繼續做其他事情。透過這種方法，既能讓媽媽情緒冷靜下來，也能夠讓孩子有理解錯誤的空間和時間。因此，這種方法對兒童不良行為的矯正是非常有效的。

真話的代價：孩子撒謊怎麼辦

在「三歲看大，七歲看老」的思想下，很多媽媽都會感到焦慮，因為她們有時發現自己的孩子會撒謊，面對孩子的謊言，媽媽卻不知道如何去教導孩子，甚至會覺得自己的孩子已經「無藥可救」了。

我們經常會看到一些媽媽因為孩子撒謊而責罵孩子，甚至對孩子大打出手，這些媽媽希望透過自己嚴厲的態度，讓孩子知道撒謊是一件不對的事情，同時讓孩子不敢再撒謊。然而結果卻恰恰相反，孩子變得越來越自卑，撒謊的次數甚至越來越多。因為他們害怕媽媽生氣、害怕捱打，在犯錯之後就會繼續選擇撒謊。由此可見，媽媽在發現孩子撒謊之後，不應該對孩子進行打罵，而應選擇一種更為「聰明」的方式去教育孩子，既要讓孩子意識到撒謊本身是錯的，又要讓孩子知道說真話的代價要小於撒謊的代價。

對於孩子來講，他們知道撒謊是不對的，他們也不想撒謊，但是因為各種原因，最終他們選擇了用說謊話的方式來表達自己的心思。比如，當一個孩子用零用錢偷偷買了一大堆卡牌時，面對媽媽嚴肅的詢問，他可能會因為害怕受到媽媽的責備而選擇說謊：「這些卡牌都是同學送給我的。」在這個過程中，孩子撒謊其實是為了避免被媽媽責備，從心理學角度來分析，孩子是因為害怕媽媽才說謊的。除此之外，有些時候孩子說謊是因為他們不想面對殘酷的現實，比如，一個孩子期末考試的成績很差，出乎他的預料。面對父母的詢問，他可能會撒謊說「我的成績在班裡算中上」，對於這種說法媽媽自然不會相信，但這個孩子之所以會撒謊，是因為他不想面對自己成績差的事實。

媽媽帶小孩案例

李菲菲是一名心理諮商師，這天一位母親帶著 8 歲的兒子來找她。李菲菲很好奇，便問這位母親要諮商什麼，她說道：「您趕快幫我看看，我的兒子是不是得了什麼心理疾病，他每天都會說謊。我打也打了，罵也罵了，但是他仍然經常撒謊。」

李菲菲問孩子會因為哪些事情撒謊，這位母親回答道：「撒謊最多的是學習上的事情，比如寫作業，他沒寫完作業，總是會騙我們他寫完了，最後老師將我叫到辦公室，我才知道他沒有一天完成作業的。」這位母親想了想繼續說道，「還有因為錢的事情撒謊，比如昨天他買了一支玩具槍，我問他玩具槍是哪裡來的，他卻說是同學的，直到今天我發現家裡的錢少了，這才知道他偷偷拿了家裡的錢去買的。我很擔心他長大以後依舊撒謊成性，後果不堪設想啊！」

李菲菲幫這位母親分析原因，對她說道：「您應該找孩子談談心，問問孩子為什麼完不成作業，為什麼撒謊。據我的經驗來講，您的孩子並沒有什麼心理疾病，他之所以對您撒謊，多半是害怕您、畏懼您，不希望看到您生氣。」

「他害怕我為什麼還要撒謊？」這位母親問道。

「因為他貪玩沒有完成作業，他知道自己沒有完成作業是不對的事情，同時他又害怕您因為這件事情而打罵他，所以他才會撒謊，而拿錢買玩具也是同樣的道理。」

這位母親恍然大悟，李菲菲接著說道：「您先要改變自己的態度，告訴孩子遇到事情可以對您講，但是不要用撒謊的方式。即便沒有完成作業，也可以告訴您，而您要保證不要打罵孩子，而是想辦法鼓勵孩子去完成作業。孩子拿錢買玩具，其實您可以給孩子一部分零用錢，讓孩子自由使用，孩子可能會買一些玩具，本身孩子就在『玩』的年紀，適當地買一兩個玩具也是可以被允許的，這樣一來孩子肯定不會再偷拿錢去買玩具了。」

這位母親按照李菲菲的方法去做了，她漸漸地發現孩子很少撒謊了。

媽媽帶小孩妙招

當孩子出現撒謊的情況，媽媽該如何去做呢？

1. 聰明的媽媽會區分是什麼原因導致孩子撒謊的

比如，有些孩子撒謊是出於「模仿」，即父母在生活中有撒謊的現象，孩子看到後便會去模仿父母的行為。再比如，在某個年齡層，孩子經常性地撒謊，這主要是受到年齡的影響。只有對孩子撒謊的原因進行分析，才能更好地去解決問題。

2. 為孩子建立規則和獎懲制度

很多時候孩子撒謊是因為他們不清楚說謊的代價有多大，這個時候媽媽不妨給孩子建立相應的規則，讓孩子明白說謊會受到怎樣的懲罰，而講真話會有怎樣的好處和獎勵。當孩子明白規則之後，自然會選擇對媽媽講真話。

3. 謹慎使用懲罰，盡量不去體罰孩子

體罰雖然能夠在一定程度上抑制孩子撒謊的行為，但是這對根除孩子撒謊行為是不利的。我們會發現，受到的體罰越多，孩子越容易撒謊。

在生活中，沒有一位媽媽希望聽到自己的孩子撒謊，但是撒謊是孩子成長道路上的常有表現，而解決孩子撒謊的問題，能夠彰顯出一位媽媽是否足夠機智和聰慧。當我們發現孩子撒謊了，媽媽首先要控制好自己的情緒，保持冷靜，我們不妨先問

問自己「孩子為什麼會撒謊」。在找到了孩子撒謊的原因之後，我們想要解決孩子撒謊的問題，便就「有計可施」了。

媽媽帶小孩解讀

孩子的謊言多半存在瑕疵，媽媽能夠輕而易舉地發現孩子沒有講真話，有些媽媽一旦發現孩子說謊，便急於給孩子貼一個「壞孩子」的標籤。媽媽要做的是找到孩子撒謊的動機，然後幫助孩子改掉撒謊的習慣。孩子撒謊並不是一件可怕的事情，媽媽要理性地看待孩子撒謊這件事情，找到科學的解決之道，最終幫助孩子面對真相。當孩子意識到撒謊的代價要遠遠大於說真話的代價時，他們自然會選擇拒絕撒謊，甚至還會痛恨撒謊。

讓孩子「知錯」，先讓他看到後果

「人非聖賢，孰能無過。」在生活中，我們經常會聽到一些媽媽在孩子犯錯之後說「沒事，沒事，有媽媽在」、「媽媽替你頂著，別怕」等，類似這樣的話語。不可否認，在孩子犯錯之後，媽媽應該給予孩子一定的安慰，畢竟很多時候孩子並不是有心犯錯的。但是，在媽媽說出這些話之後，是否意識到這些話語有所不妥呢？這些話語容易讓孩子有一種「天不怕、地不怕」的感受，會讓孩子覺得自己犯錯也是很正常的事情，他們根本意識不到犯錯的後果有多麼的嚴重，更不會體會到犯錯的後果，這對孩子理解錯誤、改正錯誤是十分不利的。

無論孩子是否是故意犯錯的，作為媽媽應該做的不是幫孩子承擔後果，而是讓孩子學會面對錯誤的後果，這樣能夠讓孩子切身體會到犯錯後的感受。比如，當孩子因為早上偷吃冰淇淋，最終導致肚子痛時，媽媽可以告訴孩子這就是早上吃冰淇淋的後果，相信以後孩子不會再早上起來就吃冰淇淋，也不會再因為偷吃冰淇淋而撒謊了。

媽媽在得知孩子犯錯之後，不妨讓孩子去體驗錯誤的結果，讓孩子切身意識到自己犯錯會給自己或其他人帶來多麼惡劣的影響。這樣一來，媽媽不用責備孩子，他們一樣能夠意識到自己的錯誤，以後也盡量會去避免此類錯誤的發生。

媽媽帶小孩案例

一位兒童心理學家曾經做過一個這樣的實驗：他調查了二十個孩子，發現其中十五個孩子經常會將媽媽的話當作耳邊風。不僅如此，這十五個孩子還會經常性地犯同樣的錯，比如幾乎每天都會說髒話、謊話等。而另外五個孩子卻很少犯同樣的錯，他們在犯錯之後，能夠盡自己所能去改正錯誤。

兒童心理學家發現十五個經常犯同樣錯的孩子之所以會出現這樣的結果，是因為他們的媽媽總是跟在他們身後幫他們「改錯」。比如，一個孩子打碎了花瓶，他的媽媽會緊跟其後，一邊怒斥他不小心，一邊幫他收拾地上的花瓶碎片，而孩子卻若無其事地在一旁繼續玩自己的玩具。

而另外五個很少犯相同錯的孩子有一個共同點，那就是他們的媽媽很「懶惰」，即他們在犯錯之後，他們的媽媽卻若無其事地做自己的事情，而孩子只是被要求去改錯就行。比如，一個男孩將腳踏車弄得很髒，他的媽媽沒有幫他擦拭乾淨，而是任由他折騰，最終男孩的衣服也沾上了泥土。這個時候男孩發現自己最喜愛的鞋子上也全是泥土，男孩意識到是髒了的腳踏車導致自己的鞋子、衣服變髒。他直接的反應便是拿起家裡的抹布，開始擦拭他的腳踏車，緊接著他將髒了的鞋子刷乾淨，又將髒衣服換了下來洗乾淨。此時，他的媽媽若無其事地問道：「衣服怎麼髒了？」

男孩解釋了原因，並主動道歉說：「媽媽，對不起，我把腳踏車弄髒了，我的衣服也被腳踏車上的泥土弄髒了。不過我已經將腳踏車擦乾淨了，以後我會注意的，不會將腳踏車弄得那麼髒了，這樣也就不會需要洗衣服和刷鞋子了。」

他的媽媽只是笑著說：「嗯，你意識到問題就好了。」

兒童心理學家對兩種媽媽的處理方式進行了對比，發現媽媽在發現孩子犯錯之後，讓孩子盡可能地接觸錯誤的結果，直接面對結果，這樣能夠讓孩子真正意識到自身的錯誤所在，這要比不斷抱怨、責罵有幫助。

媽媽帶小孩妙招

作為媽媽，我們不要過於擔心孩子犯錯，對待孩子犯錯這件事情應該保持一顆平常心。那麼，在面對孩子犯錯這件事上，媽媽究竟要如何做，才能讓孩子先看到犯錯的後果呢？

1. 不急於去指正孩子

孩子無論做什麼事情，都有一個過程，犯錯也是如此。在他打算做一件事情的時候，他可能不會去想後果，也不會去感受後果。這個時候最重要的是讓孩子按照自己的做事流程，一步步地去實現自己的目標。即便目標是錯的，也要讓他先按照自己的想法去做。

2. 在孩子犯錯之後，讓孩子體驗結果

既然孩子的目標是錯誤的，那麼就應該讓孩子感受犯錯的後果，讓他從內心真正意識到自己為什麼會得到這樣的結果。比如，孩子邊看手機邊吃飯，媽媽可以安排全家人照常吃飯，在家人們吃完飯之後，孩子會發現自己愛吃的菜已經被吃光了，自己的飯也已經涼了，其他人的碗筷都已經刷乾淨了。這個時候孩子就會意識到，這就是自己邊玩手機邊吃飯的結果。

3. 孩子看到結果後，盡量讓孩子自己去處理

當孩子看到自己犯錯造成的結果時，很多媽媽著急上手幫助孩子去改正，其實這完全沒有必要，媽媽可以讓孩子盡力

去彌補過錯。要知道很多時候，這些過錯是孩子可以自己去彌補的。

媽媽帶小孩解讀

孩子犯錯的過程，其實是孩子成長的過程。在這個過程中，媽媽需要做的不是幫孩子「改錯」，而是讓孩子體會到錯誤的嚴重性，激發孩子對錯誤的深度理解，讓孩子看到自己應該承擔的責任。不僅如此，媽媽要讓孩子直接體會到錯誤後果的嚴重性，這樣才能避免孩子在今後的生活中繼續犯同樣的錯。

孩子因妒犯錯，媽媽要懂「智」愛

嫉妒是因為別人超過自己、勝過自己而產生的牴觸性的負面情緒，當看到別人比自己強的時候，心裡就會酸溜溜的，甚至覺得不是滋味，於是就會產生一種羨慕、憤怒、失望等複雜的情感。而對於孩子來講，產生忌妒心也並不意外，他們也會因為一些大人覺得很小的事情而產生嫉妒。比如，當孩子看到同學的直排輪鞋比自己的直排輪鞋漂亮時，很可能會故意將同學推倒，這其實就是孩子的忌妒心在作祟。

忌妒心就是不允許別人超過自己的一種心理，而這種心理在孩子身上並不少見。在教育孩子的過程中，媽媽應該多觀察孩子，當孩子真的出現了忌妒心時，一定要給予正確的引導。當孩子因為忌妒心而犯錯時，媽媽要做的不是去要求孩子不要嫉妒別人，而是要分析孩子產生忌妒心的根源是什麼，從根源上幫孩子消除心理障礙，讓孩子真正意識到嫉妒的危害性。

媽媽帶小孩實例

張筱雨的女兒上三年級，平時女兒的好朋友倩倩總是在放學後找女兒玩，但是最近將近一週的時間，倩倩都沒有來找女兒玩。張筱雨很納悶，便問女兒：「倩倩最近怎麼沒有來家裡玩？」

女兒有點失落地說道：「我們鬧彆扭了。」

張筱雨驚訝地問道：「妳們不是最好的朋友嗎？為什麼鬧彆扭？」

「這次期中考試，她又考了第一名，而我總是第二名，怎麼也超不過她。她每次都考第一名，老師總是誇讚她，我是第二名，老師卻很少誇獎我，所以我不高興。就因為這件事情，我們吵架了。」

張筱雨聽了女兒所說，意識到女兒可能是忌妒心在作祟，女兒嫉妒倩倩學習成績好，嫉妒倩倩被老師表揚。張筱雨很清楚，女兒的這種思想是錯的。

張筱雨對女兒說：「我明白了，但是現在妳並不開心。」

女兒點點頭，說道：「我其實也就是一時的不服氣，根本沒有想要真的和她吵架。」

「好朋友學習成績好，其實對妳來講是一件好事，起碼妳在學習中遇到問題，好朋友可以幫助妳。」張筱雨說道。

「嗯，倩倩在學習中幫了我不少，尤其是數學，遇到難題她總會教我。」女兒說道。

「對啊，遇到難題，妳們還可以一起討論。倩倩成績好，妳可以向她學習經驗，如果妳嫉妒她，不和她做好朋友，那麼以後誰和妳一起討論，誰幫妳提高成績呢？」張筱雨說道。

「媽媽，我知道錯了，明天上學的時候我會主動向倩倩道歉，希望她能原諒我。」女兒說道。

「會的，明天晚上媽媽會做好吃的蛋塔，妳可以邀請倩倩來家裡吃蛋塔。」張筱雨說道。

放學之後，倩倩又來找女兒玩了。

媽媽帶小孩妙招

孩子產生忌妒心理是很常見的事情，媽媽不要將這件事情看得過於嚴重，當然也不可以對孩子的這種心理視而不見。在孩子因為嫉妒心理犯錯之後，媽媽不能放縱孩子的忌妒心蔓延。那麼，作為媽媽究竟該如何幫助孩子抵制忌妒心的滋生呢？

1. 分析孩子產生嫉妒心的根源所在

孩子看到別人的衣服比自己的漂亮、別人的成績比自己優秀時，都可能因此心裡不舒服、產生忌妒心。無論是哪種表象的原因導致孩子產生忌妒心，歸根到底都是因為孩子認為別人超過了自己，內心產生了不平衡感。要解決根源問題，就要讓孩子學會寬容，懂得寬容的孩子才會對自己寬容，才能容得下別人。

2. 轉移孩子注意力，給孩子一個不嫉妒的理由

當孩子產生嫉妒心之後，如果媽媽能夠幫助孩子轉移注意力，讓孩子做一些自己感興趣的事情，孩子會忘記之前內心的不平衡。

3. 讓孩子看到自己的優點，而不僅僅是看到自己的缺點

在孩子產生嫉妒心理時，往往是因為孩子只看到了自己的缺點，而沒有注意到自己的優點。因此，媽媽要注重孩子的自我理解教育，讓孩子學會平衡自己的優缺點，不僅要讓孩子看到自己的不足，更要讓孩子學會看到自己的優勢。這樣一來孩子的忌妒心再作祟時，內心對自我優勢的理解便可以抑制住它。

聰明的媽媽善於從根源上幫助孩子解決忌妒心作祟的問題，媽媽會與孩子一起分析，嫉妒產生的根源是什麼。孩子對自己忌妒心產生理解的過程，其實也就是孩子與忌妒心進行對抗的過程。

媽媽帶小孩解讀

善於嫉妒的孩子往往是自卑的，因為這樣的孩子遇到任何問題時，先想到的是自己的不足，看不到自己的優點和優勢。

孩子因為忌妒心犯錯時，需要媽媽幫助孩子分析錯誤的本質，避免孩子的忌妒心深化。同樣，媽媽如果一味地指責孩子、教訓孩子，這對孩子的成長是沒有幫助的。用智慧的方法幫助孩子擺脫忌妒心，這關乎孩子的心理健康。

第九章

慈母也要會管教

妳的孩子在妳心目中是怎樣的一個孩子？作為媽媽妳能否看到孩子身上的優點和缺點？媽媽要認可孩子，這是幫助孩子建立自信的關鍵，而認可孩子並不代表自己的孩子沒有缺點和劣勢。媽媽不僅要看到孩子的弱點所在，更重要的是能夠透過訓斥與管教，讓孩子意識到自身存在的問題，並改掉自身的缺點。

在大是大非面前，絕不含糊

古語有言：「父母之愛子，則為之計深遠。」父母疼愛孩子就會為孩子做長遠的計畫和打算。作為母親，更是希望孩子能夠健康快樂地成長，於是很多媽媽會將自己所有的愛都給孩子，讓孩子感受到自己對其愛有多深。但這並不表示，媽媽可以無上限地去溺愛孩子，為孩子「計深遠」就是為孩子做長遠的打算，讓孩子認清楚大是大非，而不是做事不分青紅皂白。

在生活中，我們經常會遇到一些媽媽，她們只知道「愛」孩子，卻不知道如何去管教孩子。我們管教孩子的目的是什麼呢？從表象來看，我們希望透過管教孩子，讓孩子變得「知書達理」，讓孩子明白什麼是該做的，什麼是不該做的;什麼是對的，什麼是錯的。而從根源上來看，我們無非是希望孩子明白大是大非，樹立正確的人生觀、價值觀、世界觀。

媽媽帶小孩案例

在某影片平臺上有這樣一段影片：

警察局裡來了一位特殊的「犯人」，一位年僅10歲的男孩，他是被媽媽帶到警局的。員警看著這對母子，問發生了什麼事情？

「叔叔，我違法了。」小男孩委屈地哭了起來。

男孩媽媽看似嚴肅地說道：「他偷家裡的錢被我發現了，作為媽媽，我不能縱容自己的兒子成為小偷。」

員警看得出來，這位母親是想要假借他們的手來讓孩子長記性，讓孩子意識到自己的錯誤。因此，員警也嚴肅地對著小男孩說道：「那我要給你錄個口供了。」

員警拿出一張紙和一支筆，然後詢問小男孩姓名和年齡，還有為什麼偷家裡的錢。

原來小男孩看到同學買了一個汽車模型，非常想玩，自己也想要，但是媽媽不買給他，於是他便偷偷地拿了家裡三百塊錢，自己去商場買了一個。

小男孩的媽媽故意問道：「麻煩問您一下，他偷竊，是不是今天就要留在警察局被拘留起來啊？」

小男孩聽了媽媽的話，哭著說道：「媽媽，我知道錯了！警察叔叔，千萬別把我關進監獄，明天我還要上學呢！以後我再也不偷東西了。」

員警說道：「按照規定呢，你這屬於偷竊行為，應該對你進行懲罰，但是看你也知道錯了，再加上你還要上學，這次我們就不讓你進監獄了。但是你必須保證以後再也不偷家裡的錢了，不光是錢，什麼東西也不能偷了，還必須寫保證書，如果還有下一次，那我們就去家裡逮捕你。」

小男孩很認真地寫了保證書。他們走出警察局之後，這位母親轉身回去，笑著對員警說：「真是給您添麻煩了，我想透過這種方式，讓他意識到偷竊是很嚴重的錯誤行為，也謝謝您配合我演了這麼一齣戲。」

對於這位母親來講，她不允許自己的孩子犯這種原則性的錯。在孩子看來，他可能沒有意識到偷拿家裡錢是錯的行為，但是這位母親用這種方法讓孩子了解到有些錯是不可以犯的，犯錯就必須承擔相應的後果。

媽媽帶小孩妙招

媽媽在教育孩子的時候，不僅要包容孩子的一些過失行為，更要讓孩子明白什麼錯是堅決不能犯的。在大是大非面前，容不得半點的包庇和遷就。那麼，在大是大非面前，媽媽究竟要如何去做呢？

1. 在孩子犯錯之後，用嚴肅的態度與孩子進行交談

告知孩子他們做的事情究竟會引發怎樣的後果，讓孩子在第一時間意識到自己犯錯了，而所犯的錯是觸犯了底線的。這個時候媽媽不要對孩子發脾氣，但是一定要告訴孩子所做的事情會有怎樣嚴重的後果。

2. 幫助孩子分析所犯之錯究竟會帶給他怎樣的影響

比如，當孩子將別人的物品占為己有之後，妳可以告訴孩子這樣做很可能被別人當作「小偷」，甚至會失去朋友。只有孩子意識到錯誤的惡劣性，他才會重視錯誤，才會避免再次犯錯。

3. 當孩子意識到自身犯錯之後，媽媽要讓孩子明確自己的態度

這就要求媽媽正視大是大非的問題，不要讓孩子不在意自己犯的錯。孩子需要明白有些錯是不能犯的，有時候犯一次錯可能會讓自己一生都受到影響。作為媽媽應該讓孩子有最起碼的分辨是非的能力，只有這樣才能確保孩子不犯一些低階的、性質惡劣的錯。當然，媽媽對孩子的教導不僅僅是停留在理解錯誤這個層面上，更多的是讓孩子明事理，幫孩子形成正確的人生觀、價值觀。

媽媽帶小孩解讀

不要以為孩子年齡還小，很多事情孩子無法做出正確的判斷。其實，對於孩子來講，他們在進入小學之後，已經具備了一定的判斷和分辨能力。作為媽媽要加強對孩子是非觀的塑造，讓孩子做一個明事理之人，這樣做對孩子一生是有益的。換句話說，當孩子分清是非曲直之後，他才有可能成為一個有作為的人。

就事論事，不要過於心軟

在教育孩子的時候，媽媽的教訓和表揚都是孩子前進的動力，而教訓孩子時一定要講究方法。比如，孩子因為上課時沒

有認真聽講，老師向家長「告狀」，作為媽媽的妳會怎樣對待這件事情呢？我們經常會聽到媽媽這樣罵孩子：「上課不認真聽講，你想做什麼？你這樣怎麼能學習好？一天到晚就知道玩，好吃好喝的伺候著你，你連學都上不好。」這類媽媽總是肆無忌憚地對孩子一頓教訓。雖然孩子的確犯錯了，確實應該被教訓，但是媽媽要懂得教訓孩子的方法和技巧，無論因為什麼事情教訓孩子，都要做到對事不對人。而另一類媽媽的表現則恰恰相反，她們從來不去教訓孩子，即便孩子犯了錯，這類媽媽也會因為心軟而不去教訓孩子。

無論是亂加教訓還是心軟放縱，都不是正確的教育做法。真正聰明的媽媽能夠做到就事論事，她們不會因為孩子做錯事情而去訓斥孩子的為人，更不會因為某件事情牽扯到以往孩子的行為，更不會因為溺愛而不去指出孩子的錯誤。聰明的媽媽能透過就事論事的方法，指出孩子缺點的同時，又讓孩子改正錯誤。

媽媽帶小孩案例

張曉華的女兒上四年級，她在班級的學習成績一直不錯，但是這次期中考試卻考得不好。張曉華開完家長會回到家之後，直接對女兒嚷道：「妳是怎麼回事？怎麼期中考試考得這麼差？這段時間一定沒有認真學習！」

「媽媽，是因為……」女兒想要解釋，還沒等她說出口，張曉華繼續責備道：「妳看看鄰居家的小杰，人家每次都考年級第一，同樣的歲數，同一所學校，為什麼人家的學習成績這麼好，而妳最多考個前十名。這次可好，直接考了第二十名。人家小杰不光學習成績好，每天放學回家還要練習一個小時的小提琴，妳呢？妳的舞蹈學了一年就放棄了，就知道在家看電視。」

「我也不是故意要考成這樣的。」女兒有些生氣，她這次之所以沒考好，其實是因為在考數學的時候肚子痛，發揮失常了。

「我當然知道妳不是故意的，但這說明妳這段時間根本沒有將心思用在學習上，以後放學回家不許再看電視了。妳寫完作業後再做一套練習題，我不信妳下次考試成績不提高。」張曉華生氣地說道。

「那我還有玩的時間嗎？妳整天都說我不如小杰，那妳讓小杰當妳的孩子好了。」女兒說完哭著回自己的房間了，她把自己關在房間裡，一天都沒有走出來。

對於張曉華來講，她生氣的原因是女兒考試失利，但她並沒有詢問女兒為什麼沒考好，而是直接用攻擊性的語言去責備孩子，這樣的教育方式自然會讓孩子反感。

媽媽帶小孩妙招

每個孩子都希望得到媽媽的表揚，他們不希望媽媽責備自己，更不希望媽媽在指責自己的同時表揚其他人。那麼，媽媽在教育孩子的過程中，究竟要怎樣就事論事地去教導孩子呢？

1. 不去拿孩子的缺點與別人的優點進行對比

很多媽媽總是習慣性地拿自己家孩子的缺點與其他孩子的優點作對比，希望用這種方法讓孩子感受到壓力，從而更加努力地去改正缺點。但是我們不得不說這種方法對孩子來講是十分不公平的，也是很難得到孩子認可的一種教育方法。

2. 不擴大或縮小孩子的缺點和優點

有些媽媽習慣性地會誇大孩子的缺點，還有些媽媽會習慣性地縮小孩子的優點。比如，孩子涼的東西吃多了，出現拉肚子的情況，媽媽可能會指責孩子「貪吃」，甚至會說孩子自律性差、自控能力差。這種放大式的教育方法往往不能得到孩子的認可，甚至會讓孩子產生自卑心理。

3. 對孩子要「說理」

媽媽在教育孩子的時候一定要注意自己的方法，要知道以「說理」的方式與孩子溝通，孩子會更願意接受媽媽的教導。有些媽媽明明自己說的沒有道理，但是還要孩子聽從自己的安排，自然孩子會選擇反抗。

媽媽教育孩子是需要講究方法的，無論哪種方法，都需要孩子能夠接受。尤其是在孩子犯錯之後，媽媽既要將道理說清楚，又要讓孩子意識到自己的問題所在。因此，媽媽需要做的就是就事論事，而不是「就事論人」。

媽媽帶小孩解讀

在現實生活中，媽媽教育孩子本身就是一件需要付出腦力和智慧的事情。既要讓孩子願意聽從自己的教導，又要讓孩子意識到自身的問題，這本身就不是一件容易的事情。媽媽不可過於心軟，不捨得去「教育」孩子，或者害怕孩子因為教訓而傷心，更不要擴大孩子的缺點，將孩子說得一無是處。可以用就事論事的方法，既不誇大別人的優勢，也不貶低自己孩子的優點，只是針對發生的事情進行分析，這樣一來孩子便更願意接受媽媽的教導。

挖掘孩子優點，管教勝於對比

我們不可否認每個孩子都不是完美的，每個孩子都會有各種缺點。對於媽媽來講，總是希望自己的孩子是完美的，甚至希望孩子是無可挑剔的，於是會放大孩子的缺點，甚至不能容忍孩子的缺點。這個時候媽媽經常做的事情就是拿孩子的缺點，與其他孩子的優點進行對比，她們希望用這種方法來激勵孩子，讓孩子感受到壓力，其實，用這種方式來教育孩子對孩子並沒有好處。

曾經在某檔節目中，有一位小女孩抱怨自己的媽媽總是「嫌棄」自己，她說媽媽喜歡鄰居家的孩子要遠遠超過喜歡自己，原因是媽媽經常會誇讚鄰居家的孩子如何如何懂事、如何如何愛學習，從來沒有誇讚過她。而這位媽媽卻說自己只是希望女兒向鄰居家孩子多學習，她其實很愛自己的女兒。

在生活中，這種現象並不少見，媽媽總是在抱怨自己的孩子不如別人家的孩子聽話、不如別人家孩子學習成績優異、不如別人家孩子懂禮貌等。似乎自己家的孩子永遠比不上別人家的孩子，別人家的孩子總是要比自己的孩子完美。這種對子女的教育方式往往會激發孩子內心的不滿，甚至會讓孩子覺得媽媽不愛自己。因此，媽媽要看到孩子的不足，但是也不能隨意去貶低自己的孩子，更不能用對比的方式來擴大孩子的缺點，讓孩子感到自卑。

媽媽帶小孩案例

小齊的兒子已經上小學了，但是兒子在學校十分調皮，三天兩頭和同學打架，甚至還將同班的女同學打哭。為此，小齊沒少被老師叫到辦公室問話。也正因為如此，小齊對兒子的管教更加嚴格。

這天小齊正在上班，兒子班導張老師又打來電話，不出所料，兒子在學校又欺負別的同學了。小齊生氣地趕到學校，兒子和另外一名同學已經被班導叫到了辦公室。

小齊向老師道歉之後，將兒子領回了家。兒子意識到自己犯錯了，到家直接回到了自己的房間。小齊生氣地對兒子嚷道：「你能不能讓媽媽省點心？三天兩頭地打架，媽媽還怎麼工作？你看看小艾，和你同班，我們又是一個社區的，人家小艾不但學習好，而且從來不打架，同樣是男孩，你怎麼就這麼調皮？」

每次兒子犯錯，小齊都會誇讚小艾，希望兒子能夠向同學小艾學習。

「小艾，小艾，妳一天到晚就知道誇小艾，那妳怎麼不讓小艾當妳的兒子？」兒子突然生氣地嚷道。

「人家小艾學習好、不打架，我也想讓你像小艾那樣聽話。」小齊也生氣地說道。

「我就是我，不是小艾，妳要是喜歡小艾，妳讓他當妳兒子吧！」兒子嚷道。

第二天，小齊將兒子送到了學校，自己在家收拾孩子的房間，她發現兒子在一張紙上寫了幾行字：我的媽媽不喜歡我，她好像很愛小艾，我只是想要讓她更愛我一些。

小齊意識到自己平時的教育方法可能有些不妥，從那之後，她再也不在教訓兒子的時候誇讚小艾，再也不拿兒子的缺點與其他孩子進行對比了。慢慢地，小齊的兒子也變得聽話了，老師也沒再喊過小齊去學校。

媽媽帶小孩妙招

媽媽都希望自己的孩子更懂事、更聽話，於是在孩子做出越軌之事後，便會對孩子一通吼罵，甚至會不由自主地拿別人家的「好孩子」與自己家這個「壞孩子」進行對比，希望孩子能夠意識到自身的不足。但是這對孩子來講並不是一件好事，甚至會讓孩子覺得媽媽不愛自己。那麼，媽媽要如何管教孩子，讓孩子既能感受到媽媽的愛，又能意識到自身的不足呢？

1. 媽媽要講「理」

作為媽媽，經常陪伴在孩子身邊，自然了解孩子身上有哪些不足。媽媽教導孩子，一定要有合理的理由去說服孩子。比如，看到孩子做事情敷衍後，妳要指出孩子在做什麼事情的時候敷衍，怎麼樣做事情是敷衍的表現，讓孩子意識到「敷衍」指的是什麼。當孩子明白這些問題之後，妳再去指出孩子的不足，那麼他才不會牴觸。

2. 媽媽要講「情」

無論孩子有什麼缺點，想必媽媽都是愛自己孩子的。因此，在管教孩子之前，媽媽不妨讓孩子感受到妳對他的愛，讓孩子知道妳管教他也是愛他的一種方式。比如，孩子在學校打架了，老師已經教訓或懲戒過孩子。這個時候媽媽不妨先關心孩子是否被同學打傷了，然後再跟孩子分析問題，告訴孩子打架不是解決問題的正確方法。

3. 讓孩子意識到自身缺點不是目的，讓孩子改掉缺點才是目的

很多時候媽媽訓斥孩子也僅僅局限在訓斥上，根本不去考

慮自己訓斥孩子的目的是什麼。因此，媽媽在指出孩子的缺點之後，可以告訴孩子如何去做，能讓自己的缺點變成優點。比如，媽媽發現孩子做作業很隨便，經常會出錯，媽媽可以要求孩子做完作業之後，自己檢查一遍，用這種方法來避免孩子犯錯。

媽媽帶小孩解讀

媽媽不要只看到別人家孩子的優點，看不到自己家孩子的優點。媽媽教育孩子本身就是愛孩子的一種表現，我們應該讓孩子感受到我們是多麼愛他們，而不是拿自己孩子的缺點與其他孩子的優點進行對比，從而傷害了孩子的自尊心、自信心。

只會吼罵孩子，並不是管教

曾經有一家兒童心理研究中心對 3,000 餘名兒童進行心理狀況調查，調查問卷中有一個問題就是「你最怕爸爸媽媽怎麼樣？」在這 3,000 餘名兒童中，大部分孩子的答案都是「最怕爸爸媽媽生氣」。

可見，媽媽生氣的時候，孩子的內心是懼怕的，甚至會非常沒有安全感。在一張問卷上，有一個孩子寫道：「我最害怕媽媽生氣吼我。每次媽媽吼我，我的心裡就很慌。」對孩子發脾氣，孩子感到恐懼後會出現什麼情況呢？

1. 乖乖地聽媽媽的指揮，妳讓他做什麼，他才敢做什麼。

2. 被媽媽的怒吼嚇到，愣在那裡一動不動。

3. 害怕到大聲哭泣，既不做妳想讓他做的事情，也不做他自己想做的事情。

4. 學妳生氣發火的樣子，甚至會亂摔東西。

不管是以上哪種情況，媽媽對孩子怒吼都會影響到孩子的心理健康。畢竟孩子的內心是敏感的，他們在面對媽媽發火時，恐慌的心情已經無法讓他們思考媽媽衝自己發火的理由是什麼了。因此，即便孩子犯錯了，媽媽也要盡量避免大聲罵孩子，而是應該選擇正確的方法來讓孩子接受自己的教導。

媽媽帶小孩案例

趙婷婷平時的工作很忙，每天回家還要輔導兒子學習，她的兒子也比較調皮，在學校學習成績一直不好。因此，輔導孩子學習成為趙婷婷最煩心的事情。這天，趙婷婷下班回家後看到兒子沒有寫作業，而是在看電視，這讓趙婷婷很生氣，於是她開始怒吼：「趕快去寫作業！不然我就把電視砸了！看你以後怎麼看電視！」

兒子很害怕，趕快溜進自己的房間，趙婷婷跟著進了兒子的房間。兒子剛開始寫作業，趙婷婷發現昨天剛買的新書包已經被弄得很髒了，她便忍不住又開始朝兒子大吼：「我真不明白你每天到學校是去學習，還是去瞎玩！你看你的書包，昨天才買的，今天就這麼髒了！」

兒子原本打算寫作業，趙婷婷一頓吼罵之後，他也沒心情寫作業了，自己坐在書桌前開始發呆。看到兒子發呆的樣子，趙婷婷更是生氣，嚷道：「寫作業啊！發什麼呆！都幾點了還不寫作業，難怪你學習成績不好！」

趙婷婷幾乎每天都會因為學習吼罵孩子。這天家長會之後，老師將趙婷婷單獨留下來，對她說道：「您兒子上課時總是無緣無故地走神、發呆，後來我問他在想什麼，他說在想放學之後，怎麼做能讓媽媽不生氣、不發火。」

聽了老師的話，趙婷婷很內疚。於是，她回到家後主動向兒子承認錯誤，並向兒子保證，以後盡量不對他大聲吼罵。過了一段時間，趙婷婷發現兒子學習的主動性提高了。

媽媽帶小孩妙招

每個媽媽都希望自己的孩子能夠聽話、懂事，於是很多媽媽都不允許自己的孩子犯錯，在孩子犯錯之後，媽媽對孩子怒吼成了常態。媽媽頻繁地吼罵孩子，容易帶給孩子哪些危害呢？

1. 孩子做事情沒有主見

媽媽經常吼罵孩子，會讓孩子覺得自己做什麼事情都不對，很容易產生自卑心理。他們甚至會覺得自己不夠好，因為害怕犯錯而不敢主動去做事情，他們擔心做任何事情都會被媽媽責備。久而久之，孩子做事情之前會詢問媽媽，也會遵照媽媽的意思去做，這樣一來孩子就會失去主觀能動性。

2. 導致孩子情緒憂鬱

不要認為孩子還小，不會憂鬱。如果孩子經常被媽媽吼罵，他們便會經常懷疑自己，覺得自己是失敗者，甚至還會認為媽媽不愛自己。久而久之，孩子會對周圍的事情失去興趣，對外界事物產生牴觸情緒，不願意與他人進行交流。

3. 孩子的脾氣會變得暴躁

都說父母是孩子的第一任老師，如果媽媽經常對孩子大喊大叫，那麼就等於樹立了一個不好的榜樣，這也會對孩子的言行舉止造成一定的影響，孩子也可能會用大吼大叫的方式來對待身邊的人。慢慢地，孩子就變得十分易怒，這對孩子進入社會，進行人際交往是十分不利的。

4. 孩子的性格會變得內向孤僻

和成年人相比，孩子的內心是敏感和脆弱的，如果孩子經常受到父母的責罵，逐漸地他們就會變得沒有安全感，甚至會覺得自己做的每一件事情都是錯誤的，這樣的孩子往往不合群，不懂得如何與別人相處。

既然對孩子大吼大叫有如此多的壞處，作為媽媽就要找到科學的教育方法，學會與孩子「和平共處」，理性地對待孩子的缺點，幫助孩子化缺點為優點。

媽媽帶小孩解讀

「怒吼式」媽媽在生活中並不少見，她們在孩子面前，從來不會顧及孩子的感受，也不會考慮孩子的心理健康。在當今社會，我們不得不承認，有很多媽媽根本沒有意識到自己是孩子產生心理問題的原因所在。媽媽要盡量避免吼罵孩子，用更為科學的方式來教育孩子，最終讓孩子意識到自己的缺點所在的同時，還能感受到媽媽的愛。

教訓，越精準越有效

教訓孩子還需要講究方法嗎？可能很多媽媽都會感到納悶。在媽媽看來，教訓孩子是在所難免的事情，只要是孩子犯錯了就應該受到教訓，這套理論似乎很正確，也很少有媽媽會認為教訓是一門學問。鑑於孩子的心智還不太成熟，所以在教訓孩子的時候，媽媽還是需要講究一定的方法的。

在生活中，我們經常會聽到媽媽這樣教訓孩子：「你每天就知道玩，就知道看電視，你什麼時候能學點好的？」、「你每天把衣服弄得那麼髒，真不知道你天天在學校幹什麼！」類似這些教訓和指責看似很平常，孩子也經常聽到，但是這樣的教訓究竟對孩子理解錯誤或者改正錯誤有什麼幫助呢？

不可否認，孩子做錯事情需要家長的指正，可是父母在教訓孩子的時候一定要準確地直指問題的核心，而不是泛泛地教訓孩子。

媽媽要學會正面管教孩子，而想要正面管教孩子，就要明白教訓孩子絕對不是教育孩子的目的，而是教育孩子的一種手段。透過這種手段，讓孩子看到自身的缺點和不足，這才是訓斥孩子的目的所在。「我的媽媽總是罵我，說我做事情不認真，但是我不明白，怎麼做才算是認真。」一名小學生委屈地說道。

的確，在生活中，媽媽善於用廣泛的詞語來囊括孩子的所有缺點，站在大人的角度去思考孩子的理解。其實，只有精確、具體地指出孩子的錯處或缺點，這樣的教訓才更有效。

媽媽帶小孩案例

女兒：「媽媽，我想買一個新玩具。」

A 媽媽：「妳怎麼就知道買玩具？上週剛買了樂高，這週又要買玩具，妳就知道玩！什麼時候學習能這麼用心就好了。」

女兒：「我想買一雙新球鞋，去年買的小了，穿不下了。」

A 媽媽：「還買球鞋，去年買的那雙也沒見妳穿幾次，妳就是三分鐘熱度，學什麼都是三天打魚兩天晒網。」

女兒：「媽媽，我想買一個新玩具。」

B 媽媽：「想買什麼玩具？」

女兒：「想要買一雙新的球鞋，去年那雙小了。」

B 媽媽：「妳是長個子了，腳也長大了，去年的那雙鞋的確不能穿了。可是，我記得上週給妳買樂高的時候，妳答應了媽媽，未來一個月不買其他玩具了。」

女兒：「是的，但是我想要輪滑鞋。」

B 媽媽：「我知道，可是去年買的那雙，妳只穿了三四次，後來就不玩了。既然妳沒能堅持下來，可能妳不太喜歡這項運動，所以我覺得沒必要再買了。再說妳已經答應我，一個月內不買玩具，即便是買球鞋給妳，那也是下個月的事情。」

女兒：「那好吧，我下個月再買。」

對比 A 媽媽與 B 媽媽的做法，不難看出，B 媽媽對女兒的訓斥是比較具體的，她並沒有因為女兒要求買玩具而指責孩子「不好好學習」。

媽媽帶小孩妙招

媽媽因為某件事情教訓孩子的時候，一定要抓住錯誤的核心，告知孩子具體錯在哪裡了，而不是擴大孩子的錯誤，或者是將指責延伸到其他方面。那麼，媽媽究竟該如何正確地訓斥孩子呢？

1. 不輕易給孩子貼標籤

媽媽教訓孩子時，不要因為一件事情聯想到其他事情，更不要對孩子的品格做負面的標籤。負面的標籤給孩子的心理暗示會產生負面的影響，甚至讓孩子認為自己天生就是壞孩子。這樣孩子會認為自己的缺點是改不掉的，久而久之，孩子也就不願意去改正自己的缺點了。

2. 不翻舊帳

媽媽要就眼前事說眼前事，不要因為孩子當下犯的錯提起孩子之前做的事情，然後再對以前做錯的事情進行教訓。這樣做容易讓孩子反感，甚至會讓孩子從心裡拒絕接受妳的教訓。

3. 不放大錯誤

很多媽媽習慣將孩子的錯誤放大，認為只有這樣才能讓孩子意識到錯誤的嚴重性，孩子才能避免犯同類錯。比如，孩子一次沒有完成作業，千萬不要罵孩子「從來都不好好學習」。放大孩子的錯誤會讓孩子感到失望，甚至會讓孩子覺得自己已經「無藥可救」。這樣一來，孩子自然會喪失信心，不想去改正自己的錯誤。

對於孩子的錯誤，很多媽媽會過分擔心，她們害怕孩子今後會頻繁地犯同類錯。其實，對於孩子來講，犯錯並不可怕，可怕的是媽媽訓斥時對自己的品格進行「攻擊」，從而導致他們自暴自棄，這也就是為什麼要求媽媽精準具體地訓斥孩子的原因。

媽媽帶小孩解讀

媽媽教訓孩子是在所難免的，在教訓孩子的過程中，媽媽一定要注意，千萬不要過分誇大孩子犯錯的後果。具體的、精確的訓斥能讓孩子意識到問題所在，並願意主動改正錯誤。讓孩子記住犯錯後的感受，在以後的生活中，孩子也會盡量避免犯類似的錯。

第十章
情緒管理，媽媽是榜樣

情緒管理並不只針對家長，對於孩子來講，也需要學會管理自己的情緒，而要想孩子做到控制情緒、管理情緒，首先需要媽媽為孩子做好情緒管理的榜樣。在生活中，孩子就是大人的「一面鏡子」，媽媽做什麼，孩子會進行模仿。因此，媽媽需要先學會控制自己的情緒、管理自己的情緒，這樣孩子也會仿效媽媽的做法，學會合理地發洩情緒和處理不良情緒。

挖掘孩子的情緒「輸出」根源所在

孩子的情緒出現過激的情況，其原因往往不是我們表面所看到的那樣。當孩子表現出脾氣急躁、心情不好的時候，媽媽可能認為是孩子太調皮，或者「不聽話」，馬上就會好了。其實，對於孩子來講，他們是希望透過外顯的脾氣來達到自己的目的。

生活中，有些媽媽總是抱怨孩子會無緣無故地發脾氣，但是從來不去思考為什麼孩子會發脾氣，也不去分析孩子情緒變化的原因。對於孩子來講，情緒變化是十分正常的事情，但這並不意味著孩子的情緒不應該被重視。媽媽不要認為孩子年紀小，情緒不穩定是在所難免的，其實對於孩子來講，他們的每一次情緒變化或波動都受到外界的影響。媽媽要善於挖掘孩子情緒變化的原因，從核心上幫助孩子排解暴躁、憤怒、不安等負面情緒。

媽媽應該是世界上最了解孩子的人，在與孩子溝通的過程中，媽媽可以透過挖掘孩子心理變化來了解孩子的思想。在這個過程中，媽媽既可以達到了解孩子的目的，還能達到讓孩子了解自己的目的。因此，作為媽媽應該主動去挖掘孩子的情緒變化根源，幫助孩子擺脫不良情緒的影響。

媽媽帶小孩案例

小兮的女兒放學回來後，直接將自己關在了房間裡，女兒是一個內心比較敏感的孩子，小兮看出女兒不開心了，但是卻不知道女兒為什麼會不開心。

小兮沒有急於去催促孩子寫作業，而是先做了女兒最愛喝的珍珠奶茶。她將奶茶端給女兒時，發現女兒的情緒依舊很低落。

「媽媽發現今天妳不開心，能告訴媽媽為什麼不開心嗎？」小兮問道。「沒什麼，就是心情不好。」女兒回答道。

「那妳先喝點奶茶，這是媽媽剛做的，很好喝。」小兮說道。

小兮看著女兒喝完了奶茶，發現女兒的書本被撕壞了，問道：「書怎麼壞了，這本書可是新書啊？」

「是我們班的李寧撕壞的，所以我今天很生氣。」女兒生氣地說道。

「他為什麼撕壞妳的書皮？是不是不小心的？」小兮繼續詢問。

「不是，他說我長得胖，我不高興，便取笑他個子矮，他很生氣，就把我的書皮撕壞了。」女兒說道。

小兮意識到這並不是一件小事，便對女兒說道：「他取笑妳胖是他的不對，但是妳也不應該取笑他個子矮。」小兮繼續說道，「這次我們不和他計較了，畢竟妳也取笑他了。」

「媽媽，我不開心，因為我的確胖。」女兒沮喪地說道。

「對於這個問題，媽媽也會認真思考，接下來媽媽會幫妳制定一個營養減重計畫，既能確保妳每日的營養，又能讓妳變瘦。妳看怎麼樣？」小兮說道。

聽了小兮的話，女兒的臉上才露出了笑容。小兮接著說：「女兒，我覺得明天妳應該向李寧道歉，並且要求他以後不要再取笑妳了。」

女兒說道：「我知道不應該取笑他，我會道歉的。」

對於小兮來講，她看到女兒不開心之後，並沒有置之不理，而是透過與女兒積極地溝通，去了解原因，找到女兒不開心的原因，再從原因找到解決問題的方法，從而幫助孩子擺脫不良情緒。

媽媽帶小孩妙招

在現實生活中，媽媽可能會發現孩子一會開心，一會發脾氣，對於孩子情緒的變化，媽媽究竟該如何去做呢？

1. 先觀察孩子的情緒表現

每個孩子的情緒變化都會有外在的表現，比如，有的孩子在玩耍的時候很開心，但是一讓他寫作業，立刻變得不開心，表現為垂頭喪氣或者唉聲嘆氣。透過觀察孩子的情緒變化或行為變化，能讓媽媽明白孩子的喜好。

2. 分析孩子情緒變化的原因

尋找孩子情緒變化原因之前，應該先結合孩子前後的活動和行為進行分析，只有這樣媽媽才能夠盡快了解孩子為什麼開心、為什麼傷心。

3. 挖掘孩子內心的真實世界

對待每一件事情，孩子都會有不一樣的情緒表現。媽媽要多關心孩子，因為在關心孩子情緒變化的過程中，妳才能更加了解孩子。當然，並不是每一次情緒變化，孩子都希望媽媽去了解的。

對於孩子來講，他們希望得到來自媽媽的愛和關心，尤其是在自己情緒低落的時候，他們更渴望能夠得到媽媽的理解。作為媽媽不僅要關心孩子的衣食住行，更重要的是關心孩子的內心變化，了解孩子的性格特點。當孩子出現不良情緒後，媽媽要試著去挖掘孩子產生負面情緒的原因，然後從原因上幫孩子化解負面情緒，從而幫助孩子建立起良好的性格，同時拉近親子間的距離。

媽媽帶小孩解讀

正所謂「知己知彼，百戰百勝」，只有了解孩子為什麼會產生負面情緒，媽媽才能幫孩子獲得正能量。孩子在成長的過程中，情緒的變化是無常的，如果媽媽不善於分析孩子為什麼傷心、為什麼生氣、為什麼沮喪，那麼自然也就無法走進孩子的內心，更不能及時幫助孩子化解負面情緒產生的影響。

教孩子正確處理喜怒哀樂

走在大街上，我們經常會看到一些孩子因為爸爸媽媽不買玩具而生氣，表現出來的狀態則是滿地打滾、哭鬧不止。與此相反的是，如果爸爸媽媽滿足了孩子的無理要求，孩子得到了自己想要的玩具，孩子便會開心地亂蹦亂跳、大聲喊叫。當然，這只是生活中孩子喜怒情緒變化的一個縮影。

孩子對待自己情感的表達是直接的，他們的開心和生氣都會直接表露出來，不會像某些成年人那樣，將真實的情緒藏在心裡深處，這也正是孩子的純真之處。因此，我們經常會說孩子「喜怒無常」。

從孩子本身來講，他們受到年齡的影響，有時喜怒的情緒變化無法正確地進行表達，也不懂得控制自己的情緒。這就需要媽媽在日常教育孩子時，幫助孩子學會正確表達自己的情緒和感受。

當一個孩子學會了控制情緒後，他便不再肆無忌憚地哭鬧和謾罵，更不會得意忘形。因此，聰明的媽媽善於教會孩子如何表達自己的憤怒和喜悅，而不是單純地去指責孩子「不該哭鬧」、「不要得意忘形」。當然，還有一種錯誤的想法，即有些媽媽認為孩子年齡還小，他們不懂得如何處理自己的情緒，所以沒有必要去學習如何管控自己的情緒。其實，孩子進入小學階段之後，就有必要正視自己的情緒表達了，否則會影響到孩子的社交情況。

媽媽帶小孩案例

週末，鄰居家傳來了一陣摔東西的聲音，因為我和鄰居的關係還算不錯，所以打算去看看究竟發生了什麼事情。

鄰居家有一個 10 歲大的男孩，男孩的學習成績一直不好，他的媽媽經常吼罵他，目的是希望他的學習成績能夠進步。

原來小男孩將茶几上的所有玩具都摔到地上了。我好奇地問他的媽媽，為什麼孩子會發這麼大的脾氣？

「他玩拼圖，眼看快要拼完了，但是發現裡面少了一塊，這就導致他整個拼圖無法完成。」他的媽媽說道。

「這很簡單，找一找缺少的那塊拼圖不就可以了。」我很驚訝地說道。

「我看他在找拼圖，又看了看時間，已經到寫作業的時間了，我就催促他去寫作業。」男孩媽媽繼續說道，「就因為這個，他生氣了，將所有的拼圖扔到了地上，還把桌子上的變形金剛等玩具一併摔到了地上。」

我感到很驚訝，一個10歲的孩子為何發如此大的脾氣？即便生氣，為何會摔東西？究其原因，我想到男孩的媽媽經常一生氣就摔東西，手裡拿著什麼就摔什麼，男孩看得多了，便學會了。

我對男孩的媽媽說：「其實，孩子生氣是在所難免的，不過摔東西可不是一個好習慣。」

「你說得對，但是我們也不知道他怎麼會一生氣就摔東西。」男孩媽媽說道。

「很多時候孩子的行為是模仿大人的。」我說道。

「那我明白了，平時我一生氣就會摔東西，所以孩子也學會了。」鄰居自責地說道。

不得不說，這個男孩根本不懂得如何正確地去處理自己的情緒，更不懂得如何正確表達自己的憤怒，他只能按照媽媽的「示範」，學著發洩自己的情緒。

媽媽帶小孩妙招

孩子的情緒變化關乎孩子的性格形成，因此，媽媽應該教會孩子如何表達自己內心的不滿或喜悅之情。對於孩子來講，他們不會控制自己的情緒，更不知道自己的所作所為有何不妥，這個時候就需要媽媽去引導孩子用正確的方式來處理自己的喜怒哀樂了。

1. 媽媽是孩子學習的榜樣

媽媽要教會孩子處理情感，自然媽媽也要掌握處理喜怒哀樂的正確方法。如果連媽媽都不會正確地處理自己的情感，又怎麼能教會孩子呢。因此，媽媽在憤怒的時候，保持理智和冷靜是第一步，而在喜悅的時候，做到喜不忘形則是關鍵。

2. 教會孩子三思而後行

所謂三思而後行，即在孩子因為生氣想要發脾氣的時候，讓孩子先學著控制自己的情緒，然後再選擇用怎樣的方式來發洩情緒。「三思」的過程其實就是讓孩子思考事情的經過，透過思考的過程來達到平復心情的目的。

3. 教會孩子透過轉移注意力的方法來平復自己的心情

當孩子陷入憤怒的情緒中時，媽媽可以讓孩子做一些其他的事情。比如，讓孩子看一會漫畫、聽一會歌曲等，透過這些方式讓孩子脫離憤怒的情緒，這樣能夠有很好的平復心情的作用。

在現實生活中，媽媽希望自己的孩子做到行為有度，而對於孩子來講，只有學會了控制自己的情緒，才可能讓自己的行為有度、有分寸。

媽媽帶小孩解讀

或許媽媽會認為孩子在喜悅的時候，能夠盡情地歡呼和蹦跳沒什麼不好，但是在很多時候，喜悅也是要有分寸的，尤其是在一些公共場合。如果孩子不懂得控制自己的喜悅之情，可能會影響到其他人的情緒。

同樣，憤怒更是需要得到控制的，否則孩子會做出一些讓人意想不到或傷害自己的行為。

給孩子足夠安全感是關鍵

在生活中，我們總是會看到孩子悲傷和恐懼的場景，尤其是當孩子被媽媽責罵、訓斥後，孩子經常會因為難過而痛哭。很多媽媽認為孩子是在故意哭泣，甚至是為了獲得媽媽的原諒而哭泣。然而，真相是孩子其實是傷心的，甚至是不知所措的。

媽媽要清楚在什麼情況下孩子是悲傷的，在什麼情況下孩子又是恐懼的。那麼，孩子為什麼會陷入悲傷、恐懼中呢？其實原因有很多，比如，當孩子缺少安全感的時候，孩子會感到恐懼。不僅如此，當孩子感覺到無助時，他們也會覺得恐懼。因此，媽媽要讓孩子從悲傷、恐懼的情緒中擺脫出來，最直接有效的做法就是給予孩子足夠的安全感。

那麼，什麼是安全感呢？所謂安全感就是人在社會中有穩定的、不害怕的感覺，這是來自於一方的表現所帶給另一方的感受。對於孩子來講，就是媽媽所帶給孩子的，這種感受可以讓孩子感到放心，內心有所依靠。孩子所獲得的安全感多半是媽媽的言談舉止所能賦予孩子的。

媽媽帶小孩案例

張雨有一個9歲的女兒，女兒的學習成績很棒，只是性格膽小自卑。有一次老師讓她上臺演講，她卻不敢。老師將張雨叫到學校，聊一下孩子的情況。

張雨回到家，生氣地對女兒吼道：「妳怎麼膽子這麼小？老師讓妳上臺演講，妳可好，連臺都不敢上。」

「媽媽，我害怕去臺上。」女兒委屈地說道。

「上臺有什麼害怕的？下面都是妳認識的同學和老師，為什麼別的同學不害怕，只有妳害怕呢？」張雨更生氣了。

聽了媽媽的責備，女兒覺得更委屈了，於是哭了起來。張雨看到女兒哭了，聲音變得更大：「哭、哭，一天到晚妳就知道哭！我最討厭的就是妳哭了，一聽到妳哭，我真想把妳扔出去！」

聽了媽媽的話，女兒哭得更厲害了，而張雨也氣得要崩潰了。

在生活中，類似張雨這樣的媽媽並不少見，當孩子出現問題之後，媽媽想到的不是如何幫助孩子解決問題，而是指責孩子，甚至「恐嚇」孩子，這樣做的最終結果就是讓孩子變得更加膽小自卑。

媽媽帶小孩妙招

在孩子產生悲傷或恐懼心理時，作為媽媽應該想盡辦法給予孩子更多的安全感。只有讓孩子感受到了安全感，他們才能從悲傷或恐懼中擺脫出來。那麼，媽媽該如何帶給孩子安全感呢？

1. 給予孩子長時間、優質的陪伴

陪伴孩子的好處有很多，陪伴對孩子的成長來說十分關鍵。在現實生活中，孩子最希望得到媽媽的陪伴，因此，在孩子表現出悲傷和恐懼的時候，媽媽最應該做的事情就是陪伴在孩子的身邊，讓孩子感受到來自媽媽的愛。當孩子感受到媽媽在自己身邊的時候，他們的內心自然會少一些悲傷和恐懼，多一些安全感。

2. 不訓斥、責備、懲罰孩子

無論孩子是因為犯錯而產生的恐懼心理，還是因為做錯事而變得悲傷，這個時候作為媽媽最應該做的是想盡辦法先讓孩子保持冷靜，只有在理智和冷靜的狀態下，孩子才能更願意去接受媽媽的建議，甚至是教訓。讓孩子從悲傷或恐懼中擺脫出來的方法有很多，比如，轉移孩子的注意力，表揚孩子、鼓勵孩子等。

3. 不威脅孩子

媽媽在生氣的時候，最容易說出一些威脅性的話語，比如，「你再不聽話，我就不要你了」、「你再犯這樣的錯，我就不喜歡你了」等。當媽媽說出這些帶有威脅性的話語時，孩子的內心是十分恐懼的，這對孩子獲取安全感是有害無利的。

當孩子陷入悲傷的情緒，或者是孩子陷入恐懼的情緒中時，這個時候媽媽要做的事情就是想辦法讓孩子的情緒恢復正常。經研究發現，一個缺乏安全感的孩子往往表現出自卑、多疑的性格，而一個安全感十足的孩子，即便身陷困境，他也能保持樂觀的心態。

媽媽帶小孩解讀

聰明的媽媽不會輕易指責孩子，或者是威脅孩子，她會給孩子足夠的安全感，讓孩子感受到媽媽的愛。這樣一來，無論孩子遇到了怎樣的打擊，他都會學著媽媽的樣子，及時從悲傷和恐懼中「鑽」出來。因此，媽媽要陪伴孩子，尤其是在孩子傷心難過或者是恐懼的時候，盡量陪伴在孩子的身邊，讓孩子感受到來自媽媽的支持和溫暖。

鍛鍊孩子「讀取」情緒的能力

在現實生活中，我們大人懂得察言觀色，避免自己所說所做影響到其他人的心情。對於孩子來講，他們也需要學會「讀出」別人的情緒。

很多媽媽會認為，孩子年齡還小，沒有必要見「臉色」行事，是這樣的，對於孩子來講，他們不需要看大人臉色做事情，但是一定要能夠讀懂成人的情緒變化。比如，當媽媽心情不好時會有怎樣的表現，媽媽開心時，又是怎樣的表情。如果孩子學會了體恤別人的感受，那麼，在媽媽心情低落時，孩子就會主動地去關心媽媽；當媽媽傷心難過時，孩子也會去安慰媽媽。

讓孩子學會讀懂別人的情緒，有助於提高孩子的情商，聰明的人都懂得去體察別人的心思。比如，孩子發現媽媽生氣的時候，一定會為了不讓媽媽更生氣，而選擇老實寫作業。

媽媽帶小孩案例

王麗雅工作了一天，感覺很累，回到家中，她無精打采地躺在沙發上。她的女兒已經 10 歲了，看到媽媽躺在沙發上，先是倒了一杯水給王麗雅，王麗雅喝過水之後，女兒說道：「媽媽，您累了吧？」

王麗雅點點頭，緊接著女兒開始給王麗雅捏腿，她說：「媽媽，今天的作業我已經寫完了，您放心，我自己已經檢查過一遍了。」

聽了女兒的話，王麗雅的心情瞬間好了起來。

不得不說，王麗雅的女兒很了解自己的媽媽，她看到媽媽躺在沙發上，便知道媽媽累了。不僅如此，她知道媽媽會擔心自己的學習，為了減少媽媽的擔憂，她主動完成作業，並告訴媽媽自己已經完成作業了。可見，王麗雅的女兒很善於體察他人的心情。

與王麗雅的女兒不同的是鄰居小周的女兒，她的女兒已經11歲了。當小周下班回家後，拖著疲倦的身體躺在沙發上時，女兒不但不去關心媽媽，還會不停地催促小周趕快去做飯。小周生氣地對女兒說：「媽媽很累了，難道妳看不出來嗎？」面對媽媽的憤怒，女兒還會哭鬧著說道：「妳累怎麼了！我餓了，妳怎麼還不去做飯！」

每當遇到這樣的情況，小周都想對女兒生氣。可見，小周的女兒不懂得觀察大人的情緒，更不懂得體諒媽媽的艱辛。

媽媽帶小孩妙招

很多媽媽會問，為什麼要讓孩子學會觀察他人的表情？其實對於孩子來講，體察他人的情緒能夠鍛鍊孩子的情商。那麼，如何鍛鍊孩子，讓孩子學會「讀懂」媽媽的心情呢？

1. 鼓勵孩子多觀察

在生活中，孩子難免會遇到一些不知所措的情況，此時媽媽不妨鼓勵孩子，讓孩子多去觀察。比如，孩子和好朋友一起玩耍的時候，突然發現好朋友拿著玩具回家了，第二天好朋友沒有搭理孩子，孩子覺得莫名其妙，不清楚為什麼好朋友不理自己了。這個時候，媽媽可以鼓勵孩子去回想一下昨天發生的事情，可能好朋友是因為沒有玩到新玩具而生氣，也可能是孩子說的某句話惹得好朋友不開心了。透過媽媽的鼓勵，孩子一定會找到答案，從而讓孩子發現好朋友生氣的真相，解決與朋友之間的矛盾。

2. 建立「讀取」情緒的意識

在日常生活中，要在孩子大腦中建立「察言觀色」的意識。比如，讓孩子觀察他人出現怎樣的表情是生氣了，出現怎樣的表情是悲傷的，什麼樣的動作意味著生氣，什麼樣的動作又表明是喜悅的。建立「讀取」他人情緒的意識，是孩子了解他人情緒變化的第一步。

3. 讀取情緒只是過程，目的是讓孩子「見機行事」

孩子了解媽媽的情緒變化之後，需要讓孩子明白，看到媽媽什麼樣的表情時，才可以做某些事情，當媽媽表現出哪些表情後，有些事情就不能做了。其實，孩子「讀懂」情緒是一個學習的過程，而目的是讓孩子做到「見機行事」。

媽媽帶小孩解讀

媽媽教孩子學會「讀取」情緒，主要是為了讓孩子建立一種「見機行事」的意識，這才是關鍵。聰明的孩子善於去觀察他人的情緒變化，因為這樣做能夠讓他們獲得更多的資訊，從而明白什麼事情該做，什麼事情不該做；什麼事情能做，什麼事情不能做。

任性的「無名火」，媽媽無須遷就

很多媽媽抱怨自己的孩子任性，不管什麼原因導致的，歸根究底我們都要明白一件事情，當孩子無緣無故地發脾氣、耍性子時，媽媽不要過分遷就孩子，必須要糾正孩子的這種壞習慣。

即便孩子的這種習慣是不好的，作為媽媽也應該分析孩子究竟為什麼會無緣無故地發脾氣。在生活中，孩子發脾氣的原因有很多，不管是孩子因為沒有買新玩具而發脾氣，還是沒有吃到想吃的飯菜而發脾氣，作為媽媽都應該先分析原因，才能找到應對之策。

媽媽帶小孩案例

王喜喜的女兒是由老人帶大的，老人比較溺愛孩子，隨著女兒的長大，王喜喜發現女兒動不動就發脾氣，這讓她感到很無奈。

這天女兒放學回家，王喜喜喊了一句：「寶貝，吃飯了。」

女兒便莫名其妙地發起脾氣，摔門進了自己的房間。王喜喜發現女兒生氣了，便走進房間，問她為什麼生氣，女兒哭了起來，也不說話。

看到女兒哭了，王喜喜沒有像往日那樣想盡辦法哄她開心，她只是坐在床上看著女兒。

女兒發現媽媽並沒有像以前那樣哄自己開心，哭了五分鐘後，便對王喜喜說道：「媽媽，我今天在學校吃的就是番茄炒蛋，妳晚上做的還是番茄炒蛋，我不想吃這道菜了。」

王喜喜並不知道中午女兒吃了什麼，她對女兒說道：「妳是因為這件事情生氣的嗎？」

女兒點點頭，王喜喜繼續說道：「媽媽不知道妳中午吃了什麼，所以媽媽晚上做了番茄炒蛋。如果下次妳中午吃了番茄炒蛋，妳可以直接對媽媽說，而不是亂發脾氣。不然媽媽都不知道妳因為什麼而生氣，問題永遠得不到解決。好不好？」

女兒聽了之後，對媽媽說道：「媽媽，以後我不亂發脾氣了，但是今天晚上我可以不吃番茄炒蛋嗎？」

王喜喜說道：「妳可以吃其他的菜，今天媽媽還做了妳愛吃的竹筍炒肉絲呢。」聽了王喜喜的話，女兒很開心地去吃飯了。

媽媽帶小孩妙招

對於孩子來講，很多時候發脾氣是不由自主的，但是有些時候發脾氣是故意的，面對孩子的任性，媽媽可以這樣做：

1. 不能無休止地遷就孩子

當孩子任性的時候，證明他的行為本身是錯誤的，這個時候媽媽不要為了博得孩子的開心而遷就孩子、答應孩子的要求，或者是任由孩子為所欲為。此時，媽媽要堅持原則，即便孩子哭鬧，也不能做有損原則的事情。

2. 不能縱容孩子任性

在孩子任性的時候，媽媽要教孩子學會控制自己的情緒，而不是任意發脾氣，不是做任何事情都要以孩子的快樂為目的的。當孩子亂發脾氣的時候千萬不要縱容孩子，否則孩子會因為媽媽的縱容變得更加肆無忌憚。

3. 媽媽要保持理智

很多時候，當孩子亂發脾氣時，媽媽會十分生氣，甚至會因為孩子發脾氣而對孩子大呼小叫。其實在孩子亂發脾氣的時候，媽媽更需要保持冷靜，既不要急於指責孩子，也不要急於去哄孩子開心。媽媽可以冷靜地看著孩子發脾氣，等孩子發洩完情緒之後，再對孩子進行教育。

4. 指出孩子的性格缺點

孩子任性的時候，可能聽不進去媽媽講的話，而這個時候媽媽要做的就是等到孩子心情平靜後，再直接告訴孩子任性發脾氣是不對的，讓孩子意識到亂發脾氣是一件錯誤的事情。同時，還要告訴孩子如何正確地去抒發自己的情緒，比如，可以和別人聊天，或者做自己喜歡的事情。對於孩子來講他們需要媽媽及時的指正，因為他們可能意識不到自己亂發脾氣是一件錯誤的事情。

在生活中，孩子無緣無故地發脾氣並不是一件好事，媽媽無須為了讓孩子開心而遷就孩子，更不要因為孩子發脾氣哭鬧而放棄原則。否則，事情會進入一個惡性循環，到時候就很難解決了。

媽媽帶小孩解讀

在很多媽媽看來，孩子任性是再平常不過的事情了，於是，很多媽媽也就不將孩子任性當作是什麼重要的教育問題，甚至會將孩子的任性歸結為常態化的表現。正是因為有了這種思想，很多媽媽就會沒有原則地遷就孩子的任性，遷就孩子的「無理取鬧」。然而，不及時糾正孩子性格上的缺陷，最終會害了孩子的一生的。我們愛孩子，但絕不能害孩子。

後記

所謂好媽媽，絕不是事無鉅細安排好孩子的一切，不給孩子獨立成長的機會，更不是孩子有絲毫「風吹草動」就憂心忡忡、心慌意亂，而是要傳遞給孩子快樂的心境，讓他體會到成長帶來的幸福感，感受到母愛睿智、堅強的一面。

媽媽愛子會為之「計深遠」，不僅要包容孩子有意、無意的過失，更要從長遠考慮，讓孩子懂得遵守原則和規矩的重要性。作為一位母親，我們要從容、溫柔地愛孩子，但一定不能溺愛嬌慣孩子，這樣才能讓孩子擁有自己獨立精采的人生。

這本書希望每一位母親都能不嬌不慣、從容養育孩子。好媽媽要給孩子慢慢長大的機會，給孩子體驗生活中酸甜苦辣的勇氣與能量，而不是因為擔心孩子犯錯，剝奪孩子成長的機會，更不是害怕孩子吃苦，打磨掉孩子獨立做事的勇氣。靜待花開，媽媽也要給孩子慢慢長大的時間，對於孩子在成長過程中犯的錯、遇到的挫折，無需過於心急，更無需過分擔憂。同樣，孩子是家庭中普通的一員，媽媽不應該給予他「特權」，否則孩子會自認為是家庭的中心，是家庭的「小太陽」，這只會讓孩子養成驕縱的性格，對他們的成長來說毫無益處。

愛孩子是母親的天性，但一定要掌握好分寸，控制好自己的保護欲望，培養孩子獨立、自信的性格。同時，媽媽要制定並堅持原則，教會孩子用正面的態度面對挫折與困難，培養孩子的家庭責任感和社會責任感，這才是母愛的正確打開方式。

胡適在給兒子的信中，這樣寫道：「你是獨立的個體，是與我不同的靈魂；你並不因我而來，你是因對生命的渴望而來。你是自由的，我是愛你的；但我絕不會『以愛之名』，去掌控你的人生。」胡適的話，正是我們這本書想要對所有母親講述的教育內涵——「媽媽可以足夠愛你，但我不會嬌慣你；媽媽可以教導你，但我不會掌控你；媽媽可以擔憂你，但我不會替代你。」

電子書購買

爽讀 APP

國家圖書館出版品預行編目資料

母職協奏曲！牽起媽媽的手，讓孩子走向獨立與自信的舞臺：赫洛克效應、比馬龍效應、戴高帽法……十堂課打造孩子的健全人格 / 喆媽 著 . -- 第一版 . -- 臺北市：樂律文化事業有限公司 , 2025.02

面； 公分

POD 版

ISBN 978-626-7644-48-5(平裝)

1.CST: 親職教育 2.CST: 子女教育 3.CST: 母親

528.2 114000807

母職協奏曲！牽起媽媽的手，讓孩子走向獨立與自信的舞臺：赫洛克效應、比馬龍效應、戴高帽法……十堂課打造孩子的健全人格

臉書

作　　者：喆媽
責任編輯：高惠娟
發 行 人：黃振庭
出 版 者：樂律文化事業有限公司
發 行 者：崧博出版事業有限公司
E-mail：sonbookservice@gmail.com
粉 絲 頁：https://www.facebook.com/sonbookss/
網　　址：https://sonbook.net/
地　　址：台北市中正區重慶南路一段 61 號 8 樓
8F., No.61, Sec. 1, Chongqing S. Rd., Zhongzheng Dist., Taipei City 100, Taiwan
電　　話：(02) 2370-3310　　傳　　真：(02) 2388-1990
律師顧問：廣華律師事務所 張珮琦律師
定　　價：375 元
發行日期：2025 年 02 月第一版
◎本書以 POD 印製